そんな軽い命なら私にください

余命ゼロ　いのちのメッセージ

渡部《わたべ》成俊《しげとし》

大和書房

そんな軽い命なら
私にください

プロローグ

期限切れの命

私の余命《よめい》はゼロです。
私の命はとっくに期限切れになっています。
この本が出るまで、生きていられるかどうか、わかりません。
正確に言えば、私はガンです。
それもガンが全身に広がり、もう治療法はありません。
お医者さんに「余命一年半」と宣告《せんこく》され、
去年の一二月で死ぬはずでした。

しかし、今年の桜を見ることができて、まだ生きています。
期限をすぎて生きているので、
明日、状態が急変して死んでしまうかもしれない、
そんなぎりぎりの毎日をすごしています。

私はいま、みなさんに伝えたいことがあります。
これだけは知ってほしいことがあります。
少し、話を聞いてください。
私と、あなたの命について、
そして生きることについての話です。

著者近影（写真／武島亨）

そんな軽い命なら私にください

目次

第三章　感謝すること

第四章　そんな軽い命なら私にください

第一章

いのちの言葉

余命宣告を受けて

あと一年半しか生きられないとわかったら、あなたは何をしますか？


私は、二〇〇五年の五月二七日に、「余命一年半」と医師に宣告されました。「あと一年半しか生きられないよ」ということです。

幸《さいわ》いなことに、いまはガンが神経に触《ふ》れていないため、痛みはありません。病院に入院もしていません。ふつうの人と同じように、自分の家で朝起きてごはんを食べて、一日働いて寝るという生活をしています。

しかし痛みがやってきたら、それは耐《た》えがたい痛みとなるはずです。モルヒネ治療をするためにホスピスへ入院することになるでしょう。

ホスピスって知っていますか？

ホスピスは病院ですが、ふつうの病院と違って、病気を治《なお》すところではありません。抗《こう》ガン剤《ざい》治療《ちりょう》や延命《えんめい》措置《そち》はしません。

治療しても、もう治らない病気を抱えた人が、痛みに苦しむことなく、心やすらかに死んでいけるようにケアしてくれるところです。

つまり、痛みがはじまったら、私はホスピスへ入院し、もう家族が住むこの家には戻《もど》ってこられないでしょう。

そして、その痛みは明日にやってくるかもしれない。いいえ、ひょっとすると一時間後にくるかもしれない。

あるいは病状が急変して、ホスピスへ入院なんて余裕《よゆう》もないまま、死んでしまうかもしれません。

そんないつもがけっぷちにいるような日々をすごしています。

余命宣告の期限である昨年一二月をすぎているのですから、いつ死が訪れても、だれもおどろかないでしょう。私自身だって、おどろきません。どちらかというと、余命宣告の期限をすぎて生きているほうがおどろきなのですから。いまの医学では、余命宣告の期日はかなり正確らしいですからね。

どん底から立ち上がるまで

あと一年半しか生きられないとわかったとき、「どうせ一年半しか生きられないのなら、いますぐに死んでしまおう」と思ったこともあります。

あと一年半しか生きられないことにむなしさを感じて、車で事故を起こして死のうと思ったこともあります。

「なんでここまでまじめに生きてきた自分が死ななくちゃならないんだ」

と思うと悲しくなり、

「いままで汗水たらして五〇年かけて働いて、つくり上げた会社も家も全部売って、とことん遊んでお金をつかってやる」
とも思いました。

私は小学校のころから家計を助けるために働きはじめ、馬車馬《ばしゃうま》のように働いて、二六歳で小さいながらも会社をおこし、念願《ねんがん》の社長になりました。努力が報《むく》われることで自信もつきました。

私はそれからも三人の子どもを育て、そして青少年委員やＰＴＡの役員など、地域でも若い人たちの役に立てることを少しずつやりながら、私らしくがむしゃらに仕事をしてきました。

そんな私が五〇歳も半《なか》ばをすぎ、いままで仕事のため、家族のために働いてきたけれど、そろそろ自分のために何かしよう、旅行のひとつもできるかもしれないと考えていました。そんな矢先《やさき》にガンになり、あと一年半の命だと言われたのです。

こんな残酷《ざんこく》なことがありますか。

自分は何のために生まれてきたんだ。

六〇年間生きてきて、五〇年間も生活のために働いてきて、最後にあと一年半しかないって……。

こんなつらいことがあるでしょうか？

ガンの転移《てんい》がわかり、「余命一年半」と宣告され、妻と二人で泣いた夜のことです。私はあまりにもつらくて、そのつらさを妻にぶつけました。

「自分はいままで一生懸命に働いてきた。だけどこんな結果になってしまった。あと一年半しか生きられないというなら、その一年半を全部自分にくれ。やりたかったことをやってやる。いままできずいてきた財産もこの一年半で全部つかい切ってやる。じゃなきゃ、生きてきた意味がないじゃないか。おまえだってそう思うだろう。これじゃ、あまりつらすぎるだろう。私の好きなようにさせてくれ」

と妻に言いました。

妻は下を向いて泣いていましたが、涙でぐしゃぐしゃになった顔を私に向けました。その顔は悲しそうで、さみしそうな顔でした。そして、

「あなたがつらければ仕事なんてしなくていい。ただ、あなたがつらいのはわかるけれど、残されていく私たちの気持ちもわかってもらいたい。

子どもたちも心配しているし、あなたのお母さんだっているじゃない。みんながどれだけお父さんのことを心配しているか。

あのお見舞いに来てくれた仲間たちだって、みんなお父さんのことを思ってくれているじゃない。なのに……」

と、言ったんです。

私はしばらく何も言えませんでした。

妻の言うとおりです。

私はあまりにも、自分のつらさばかりに気をとられていて、自分以外の人たち

のことを考えていませんでした。

自分のことしか目に入らなくなっていました。

でも、まわりの人たちは心配してくれている。

妻だっている、子どもだっている、母親だっている。友だちだっている。みんな自分のことを心配してくれた。はげましてくれた。

そうだ、自分の命は自分だけのものじゃない。つらくても苦しくても、がんばって乗《の》り越《こ》えないといけないんだ。

自分のためであると同時に、まわりで思いやってくれる人たちのために、私は生かされているんだ。

そう強く思いました。

人は一人では生きていけない

もちろん、そう思って一度は元気になっても、またしばらくたつと、余命一年半という現実が、私から元気を奪《うば》いとってしまいます。

何度も何度も落ち込んでは、またはい上がってこられたのは、家族や友人のあたたかいはげまし、そして、私は人によって生かされているという思いがあったからでした。


人はどんなに強くても、一人では生きていけません。

私たちは、母親のおなかで一〇カ月間も育ててもらい、産まれるときには産婆《さんば》さんの手を借り、そして母親には乳をふくませてもらい、おしめを取り替えてもらい、幼稚園や保育園の先生に世話になり、学校の先生に勉強を教わり、友だちとあそびながら、そして親が働いたお金でごはんを食べ、洋服や学用品を買っています。雨が降ってもぬれず、冬でもあたたかい家に住んでいます。

犬や牛だったら、生まれて一時間もたたないうちに、もう自分の力で起きあがって、そして母親の乳を吸いにいきます。

こんなに手をかけて育ててもらうのは人間だけです。

こんなに手をかけて育ててもらっていて、他人のために尽《つ》くせない。自分勝手な振《ふ》る舞《ま》いしかできないのは、人間としてあんまりにもさびしい。

生まれてからずっと、自分一人の力で生きてきた人がいますか？

そして最後に自分で自分の足を棺桶《かんおけ》に突っ込むことができる人がいますか。自分の骨を自分で拾うことのできる人がいますか。

人は生まれてから死ぬまで人に生かされ、人に世話になりながら生きています。

そんなことは、小学生でもだれでも知っているはずです。

なのに、それでも人に尽くせない。人の役に立とうという気持ちになれない人が多いのはおかしいと思いませんか。

人は生かされ、人に世話になって生きている。一人じゃ生きられない。人の役に立ち、まわりの人に受けた恩恵《おんけい》を返していく、それが、人が人として生きるべき道だと思っています。それを自分勝手に、自分だけのために生きて、自分の思いを達成できれば、それで満足だなんて、とんでもない考えちがいです。生まれてから死ぬまで、人は人とかかわり、人にお世話になって生きています。


感謝の気持ちや思いやりの気持ちをもっていますか？

ありがとうとお礼を言っていますか？


いつも人の力ばかり借りて、そして人に思いやりをもらっているのに、困っている人にひとつの手も差しのべない。自分勝手に自分がよければそれでいいという生き方をしていないか、いつも自分に問いかけてください。

人のために尽くすことは人間にしかできません。

人のために働いてください。人が喜ぶことをしてください。

何もお金をかけなくたって、喜ばれることはいっぱいあるはずです。

弱っている人の肩をぽんとたたいて、はげますこともできる。それだけのことで、その人がどれだけ生きていく力をもらえることか。

私みたいに苦しくて、自殺を何回も考えた人間でも、人のあたたかさにふれると、生きていてよかったなぁとつくづく思います。

人間が生まれてくることに理由はかならずあります。人間が生まれてくるということは偶然ではないのです。かならず、選ばれて生まれているのです。そのことをどうか忘れないでほしいのです。

幸せは感じるもの

余命宣告を受けてから、冷静になって自分のまわりを見てみると、妻も母も息子も、そして友人たちも、私のことをとても心配してくれています。

私の大事な人たちです。私を支えてくれた人たちです。

病気になってからも、病気になる前も、彼らや彼女たちのはげましで、どれだけ元気づけられてきたか。どれだけありがたかったか、思い出しました。

私は、その彼らや彼女たちに感謝してきただろうか？

私は、少年野球の代表や、江戸川区の教育事業である「すくすくスクール」のマネージャーも長年やってきました。ですから、そこでかかわった多くの子どもたちも、私の姿を見ています。

そして、私は思ったのです。

あと一年半と宣告されて、冷静に生きていける人間なんていない。

でも、よし、やってやろうじゃないか。

自分にムチ打ったのです。

私はいつも強気で弱音《よわね》をはかず、ガンガン勢いよく生きてきた人間です。

だから、私は自分にムチ打ったのです。

最後の最後まで、強気で生きていこう。
つらいぞ。
でも、ぜったいに負けないぞ。
ぶっ倒れるときまで負けないんだ。
自分だって、つらいし、苦しい。
だけど、そんなことを前面に出して何になるんだ。
自分がいつもほほえんで、いきいきと生きていれば、
家族もまわりの人も
どれだけ安心することだろう。
どれだけ幸せな気持ちになれるだろう。

自分がここでくよくよして
「明日になったら痛みがきて、死んでしまうかもしれない」
「あさってにはきっと死ぬ。もう自分には命はないんだ」

なんて言って、ふさぎこんだり怒りをばらまいたとしても、だれが喜ぶのか？

悲しみよりもうれしいほうがいいに決まっている。

つらいよりも楽しいほうがいいに決まっている。

だから、自分は最後までほほえんでやる。

それが負けないってことなんだ。


そう思いました。

私はこの年になって、そして病気になってはじめて、これまでたくさんの人に助けてもらって人生を送ってきたことに気がつきました。ですから、せめて、残された短い時間でも、恩返ししたいと思ったのです。

私がしっかり前向きに明るく生きていれば、まわりの人も明るくなります。

「すくすくスクール」の子どもたちは私の背中を見ています。だから病気に負けて、めそめそなんてしていたら、かっこ悪いじゃないですか。

そんなふうにすごしていると、明日をもしれない命だというのに、幸せを感じます。

「幸せって感じるもの」だって知っていましたか？

幸せは、物ではありません。お金でも洋服でも、ブランド品でもありません。

愛されて幸せだなぁ、ごはんがおいしくて幸せだなぁ、花がきれいに咲いて幸せだなぁと、感じることが幸せなのです。

心のスイッチを変える

余命宣告を受けて死にたいと思っていた私が、いまは平和な気持ちで毎日をすごしています。わがままにつっぱしっていた私が、他人の思いやりに感謝し、おだやかになりました。

これは、薬のせいでも何でもありません。

「心のスイッチ」を変えただけです。

そのスイッチはだれでもっています。

つらいときも悩むんじゃなくて、深く考えること。何が大事で何が尊《とうと》いのかを考えるのです。

考えれば目標がもてます。多くの場合、目標が決まらないから悩むんです。

私も、いつ死ぬんだろう、これからどうなるんだろう、死ぬのはいやだなと、悩んでいるときはつらかった。

でも私なりに考えて、最後までちゃんと生きよう、とにかく先に進んでみようという目標があります。それができなければまた、そのときに考えようと思っています。

いまの私は迷いがありません。

生きていることが楽しくてしようがないし、そしてこの世に生をうけたことを、ほんとうに感謝しています。

ただ現実的には、苦労して私を育ててくれた八六歳の母親よりも先に逝《ゆ》くのは、もうしわけないけれど、でも、それは大いなるものが決めていることですから、しようがないですね。

私の父は一九五五（昭和三〇）年、四三歳の若さで亡くなっています。いまは、父のもとへいってもはずかしくない生き方をしていきたいと思っています。

父と会って、「お前は六二年間生きてきて、やるだけのことをやってきたな。そして、私の妻をよくここまで面倒を見てくれた」と言ってもらうことができたら、それがいちばんの喜びだと思っています。

人が命を大事にするということ

人が命を大事にするというのはどういうことなのか？

人が人として生きているということは、どういうことなのか？

何を目的に生きなきゃならないのか？

世の中には、そういう道標《みちしるべ》があっていいはずです。

でもいま、はっきりした指針《ししん》が見つけにくい時代に、私たちは生きていると思います。いまの時代はあらゆるものがあって、おなかもすかないし、深く考えたり、反省しながら必死で生きていかなくても、生きていけますから。

忘れかけている大事なことは、私たちは生かされているってこと。

生と死は一対のもので、コインの裏と表です。いつそれがひっくり返って、死が私たちの上にやってくるか、わからない。それは、若い人、年寄り、病人、健康な人に関係なく、やってくるのですから。

だれでも、人の助けによって生かされていることは知っているし、感謝する気持ちはもっています。でも、それがはっきりしなくて、うつらうつらした居眠《いねむ》りしているような状態でしか、わかっていないのです。

自分の夢をもち、夢の実現に邁進《まいしん》し、そのためには汗をかくことを惜《お》しまない、反省する心をもち続ける、そういう心をだれでももっています。

ただ、もっていることを忘れているのです。


そして、いちばん大事なことも忘れかけています。

命がいちばん大切だということがわかっているのに、忘れている。

だから、自分で命を捨てるような人が出てくる。命というものが軽い存在になってしまった。

いまの時代、ほしい物をがまんしなくても、簡単に手に入るような世の中だから、深く考えないで、わがままいっぱいに生きている。そっちのほうにみんな流れていってしまっています。


そうするとがまんができない。がまんすることは大事なことです。

反省すること。
いつも人に尽くせること。
努力すること。
生かされていることに感謝すること。

これらのことを知っていることは、英語や数学で何かひとつ覚《おぼ》えることより、人間として尊いのです。
もちろん人間は進歩する動物ですから、知恵も知識ももたなくちゃなりません。学んで知識をもつことは基本ですが、大事なのは、知識を応用して知恵として生かして生きていくことです。だからこそ人間はつねに進歩していくことができるのです。

できれば、指針というものがあるといい。指針は偉大な先人《せんじん》の姿にあると思います。

私にとってそれは二宮金次郎《にのみやきんじろう》という人だけど、一休禅師《いっきゅうぜんじ》でもだれでもいい。身近なわれわれの先祖の中にも、すばらしい人たちがたくさんいます。あのようには生きられないけれど、それに近い人間になりたいと思っています。

「渡部さんは強い」と言われることがあります。でもそんなことはありません。

生まれながらにして私にだけさずけられているものなんてひとつもありません。人間はみんな一日二四時間、同じ時間を与えられています。直径が地球の一〇九倍の大きさの太陽からの光は、四五億年もの間、ゆるぎなく私にも、子どもにも、老人にも、病院に入院している人にも、道端《みちばた》の石ころにまで惜《お》しみなく平等に降りそそいでいます。

もし、私に特別なものがあるとしたら、私は幸せを感じるきっかけを、ガンによる余命宣告によってもらったということぐらいでしょうか。

相手の気持ちを思いやること

どんな立派な大学を出たって、物事を深く考えないで、自分のことだけを考えて、他人のことは気にもしないで、うすっぺらに生きていれば、それだけの人間でしかありません。

家族や友人、知人が悩み苦しんでいると、自分もつらくなるものです。しかし、他人の痛みをまったく感じない人もいます。そんな人は価値のない人だと思います。

相手の気持ちになってあげるということは大事です。相手がつらそうにしているときは、「つらいんだろうな、自分は何をしてあげられるだろう」と考えれば、やさしくなれる。

つらいときはなぐさめ、うれしいときは共に喜ぶ。それができない人間なんて、生きていて楽しいのでしょうか。

私が余命宣告をうけて、妻は精神的ショックを受けて不眠症《ふみんしょう》になってしまいました。そのとき、「なんとかしなきゃいけない、私の病気が原因でこんなふうになってしまったのだから、どうにかしなくちゃ」と思いました。でも、どうしていいかわかりませんでした。底なし沼に落ちていくような気持ちでした。

じつは病気になる前の私は、「自分は妻からほんとうに必要とされているのだろうか」と思うことが、ときどきありました。働いてお金はかせいでいるけれども、ふだんは別々にテレビを見て、お互いに共感することがだんだん少なくなっていたのです。

「年をとると、みんなそんなふうになっていくのかな。若いころはいっしょに何をしても楽しかったはずなのに、どこかで考え方が少しずつずれて、お互いへの思いやりがかけてくる、これからどうなるのだろう」と思っていました。

それは、そのときまで私に相手の気持ちをわかろうとする努力が足りなかったからだと、いまでは思います。

いまは私がたくさん反省をして、妻や母の気持ちを思いやれるようになりました。家族の、離れそうになっていた気持ちも近づいてきて、妻も母も元気になってきました。

病気になって私は苦しんだけれど、夫婦の気持ちがぐっと寄《よ》り添《そ》いましたし、母や息子たちとも、気持ちがわかり合えるようになったのです。

病気という代償《だいしょう》は大きかったけれど、喜びも大きい日々です。

人間の価値を決めるもの

最近は学校でボランティアを強制的にやらされることもあるようです（強制的なのは、ボランティアでない気もしますが）。それなのに「人の役に立つことは大事」と言われないのはなぜでしょう？

「人の役に立つ」というのは人生でいちばん大事なことなんです。

人の役に立つということは、他人に「ありがとう」と言ってもらえることをやること。

「明日はボランティアをやりましょう」なんていう、非日常的なことではないのです。「今日は人の役に立つぞ」と気負ってやることではない。毎日、毎日のことなんです。

相手の立場に立って、「この人はこうしてもらったらうれしいだろうな」「こうしてもらったらありがたいだろうな」と、いつも相手の立場を自分の立場におきかえて考える、そう思うだけでいいんです。

数学の偏差値《へんさち》があがった、定期試験の順位があがった、それはそれで大事なことかもしれないけれど、そんなことよりもずっと大事なことは、人として社会の役に立てる人間になれるかどうかです。

「そんなよけいなことを考えてないで、勉強してほしい、偏差値をあげてほしい」と言う大人はいます。

でもみなさん、勉強より大事なことは、たくさんあります。

東大出身だとか、国会議員とか、社長とかがすごい人間じゃありません。

その人の人格がほんとうにすばらしいものにみがき上げられているかどうかで、その人の価値というものは決まるんです。それこそが人間としての価値なんです。

講演会でもらう元気がうれしい

余命一年半の宣告を受けて、つらくて泣いていても、家族や友人にはげまされて元気になる。でもまたむなしくなって元気を失う、生きているのがいやになってしまう、そんなことをくり返していました。

でも、「生きる意味」をたくさん考えて、考えて、考えて、少しずつ気持ちが前向きになっていきました。


そして余命宣告から約半年後のことです。新聞で、各地の学校が「生と死を考える授業に取り組んでいる」と紹介する記事がありました。

私の出番じゃないか、そう思いました。

残り少ない命しかない私を見てもらえば、「たったひとつしかない命」というものを伝えられるんじゃないかと思いました。


私は三人の息子の父親です。子育てをしながら少しずつ地域とつながり、地元の少年野球の代表、ＰＴＡ役員、青少年委員、そしてすい臓《ぞう》ガンの手術後は、江戸川区の教育事業の「すくすくスクール」のマネージャーもやってきました。

青少年育成なんて堅苦《かたくる》しいことを自分ではっきり意識していたわけではありま

せんが、次世代をちゃんと見守って育てていくのが大人の役目だと思い、ずっと青少年育成のボランティアを、仕事と両立させながらやってきました。

ですから、教育関係の知り合いも多く、「機会があったら、子どもたちに話を聞いてもらいたい」とお願いしたのです。

すると講演の依頼があり、その講演会の評判を聞いて、また次の講演の依頼がある、というようにして、多くの小学校、中学校、高校で講演をするようになりました。テレビでも紹介されて、より多くの人に私の話が伝わるようになりました。

小学校や中学校、高校で講演をするときは、原稿を見ないし、マイクもつかわないで話しています。体育館で八〇〇人の生徒に話すときもマイクはつかわないし、それも一時間、立ったままで話します。

妻は疲《つか》れると体に悪いから、マイクをつかってほしい、座って話してほしいと言いますが、そうはいきません。

主治医は「いざというときはドタキャンすればいいのだから、がんばってつづけてください」と応援してくれます。

相手が小学生でも高校生でも、私の半生、そして病気との闘《たたか》いをありのままに話します。

私は教師でもないし、立派な聖人君子《せいじんくんし》でもないし、人にものを教えるような立場の人間でもありません。ただ、自分が考えたことをストレートにぶつけて、話しています。それが少しでもみなさんの心をゆさぶって、「生きるってすごいことなんだ」と思ってもらえたら、次の世代の役に立てたら、うれしいです。

「自分にしかできないことがある」

そう思ってはじめた講演会ですが、なんと逆に私がみなさんから元気をもらうことになりました。

私にとっては、みなさんが真剣に聞いてくれることがとてもうれしいのです。

講演後に書いてもらった感想文は、もう二万通以上になっています。

「いままで感謝するなんて、考えたこともなかった」「とにかく生きてみようと思った」などと感想を書いてくれた文章を読むと元気が出ます。

いままで不登校気味《ふとうこうぎみ》だった女子高生が、学校に戻ることができて、いまは卒業と大学進学をめざしてがんばっていると手紙をくれたこともあります。

こうしたことのすべてが私の生きる喜びになっています。

人の役に立てて、それを感謝してもらって、私はやっとほんとうに「余命宣告」という大きな苦しみから立ち直れたような気がするのです。

命がなくちゃどうにもならない

講演会ではマイクをつかわないし、演台もなしで舞台に立って話します。私の足のつま先から頭のてっぺんまで全部見てもらいたい。私の姿を見て感じてもらいたいからです。

これが生きるということなんだ、これが死に向かって精一杯《せいいっぱい》立ち向かっている人間の姿なんだと、しっかり見てもらいたい。そう思っています。


子どもたちに、若い君たちより何倍も元気だというのを見せつけたい。

生きるということは、何ごとにもパワー全開でぶつかっていくことなんだ。

元気で笑顔で明るく、まっしぐらに向かっていく意味を、私を通じて感じてほしい。

「このオヤジはなんだよ、ガンで余命宣告を受けてるっていうのにやけに元気じゃないか」って。

そのパワーを見てもらいたい。


生きるということは、ほんとうにすべてなんです。

命は人間の存在そのもの。
命がなくちゃどうにもならないんです。
それがわかっていますか？

私もみなさんも、命はたったひとつしかありません。
それぞれが自分自身の、自分だけの花を咲かせてください。

私は考えています。余命宣告を受けてから毎日毎日、考えています。
あと一年半しか生きられないのに、どうして生きなくちゃいけないのか？
人生の途中で死ななければならない自分の人生は何か意味があったのか？
考えて考えて、それでも納得《なっとく》できなくて、苦しくてしようがなかったのです。
いまでも、結論が出たわけではありません。まだ考えつづけています。でも、
ギリギリのところで生きていて、いくつか見えてきたものがあります。
それをみなさんに伝えたい。

少しでもみなさんが、楽しく幸せで、豊かな人生を送れるように、そしてつらいことに出合ったとき、少しはラクになれるように、伝えたい。

それは先に生きている大人として、先輩として、私がやらなければならないことだと思い、病気のこと、余命宣告のこと、苦しかったこと、いまでは立ち直ってがんばっていること、生と死は一対であって死はいつもとなりにあること、などを講演会で話しています。

できれば全国の学校を回りたいのですが、病状がいつ急変するかわからないので、遠くの学校まで行くことはできません。

ですから、こうやって、本を出すことで、多くの子どもたちに自分の考えを知ってもらえるのは、とてもうれしいのです。

こんな私のガンとの闘いは、約六年前の健康診断からはじまりました。

そうです。そのときから、私の人生は変わったのです。

第二章
幸せは感じるもの

信じられない病のはじまり

私は今年、二〇〇七年の一月の誕生日で、満六二歳をむかえることができました。この六二歳の一月の誕生日は、私にとって大変に意味深いものとなりました。

それというのも、じつは一昨年（二〇〇五）の五月の終わりに、「あなたの寿命は一年半」と医者に宣告されていたからです。

つまり二〇〇六年一二月には死ぬだろうと、言われていました。

その宣告をのりこえて、春には満開の桜を見ることができて、いまは新緑が美しい初夏。ここまで生きることができました。

私は東京・江戸川区で婦人服を加工する工場を経営しています。

いまから六年前の二〇〇一年、五六歳のときに、江戸川区の区民健康診断を受けました。毎年行われている健康診断で、私もほぼ毎年、そこで健康診断をしてもらっていました。

その健康診断の血液検査で、肝機能《かんきのう》の数値が人の三倍高いことがわかりました。

私はいままで一回も大きな病気をしたこともありませんし、そのような検査で体に異常のあったこともありません。仕事も順調でしたし、子どもたちも成長して独立し、友だちもたくさんいて、体調も生活も絶好調でした。

ですから、そんなに肝機能の数値が高いなんておかしい。

痛さもかゆさもなく、そんな兆候《ちょうこう》もない。不調になるような原因はまったく身に覚えもありません。私にどうしてそんなに高い数値が出るのか、わかりませんでした。

よくよく考えてみると、このところよく仲間とお酒を飲んでいました。

ですから、それで肝臓が弱っているのかもしれない、お酒を少し控《ひか》えたら数値も戻るだろう、そんなふうに気楽に考えていました。

それに、何万人もの人がその日に検査をやるので、私一人くらい間違《まちが》いがあるだろう、なんてことも考えていました。

　それから一カ月ほどたってから保健所のほうから電話があり、

「渡部さん、この間の検査の結果で、病院へ行ってくわしい検査をするように言いましたけど、ちゃんと病院へ行きましたか？」

　と言われました。

　私は仕事が忙しかったし、どうせたいしたことはないさ、という軽い気持ちでしたので、病院にも行かず、そのまま放りっぱなしにしていました。しかし、家族やまわりの人たちは心配してくれて、

「一回、ちゃんと調べてきたほうがいいよ。自分たちもそのほうが安心だし、何でもなきゃそれでいいんだから」

　と、言うのです。あんまりしつこく言われるものですから、私もちょっと心配になり、病院へ行ってみることにしました。その病院では「すい臓に何かできているみたいだが、ここでは対応できません」と言われたので、御茶の水にある順《じゆん》天堂《てんどう》大学附属《ふぞく》の病院へ行くことにしました。

このときにはお酒もやめていたので、肝機能《かんきのう》には問題がなかったのですが、やはりすい臓の数値がよくなかったのです。

すい臓という臓器は、みなさんもあまりなじみがないと思います。大きさはにぎり拳《こぶし》くらいで、背骨と胃との間にあります。まわりを臓器に囲まれていて、体の奥にひっそりとある、そんな臓器です。

だれもがひとつずつ持っていて、たいへん大事な役割をしています。ごはんを食べるとすい液という消化液が十二指腸《じゅうにしちょう》に出ますが、これは元々すい臓から出ています。また、糖《とう》の代謝《たいしゃ》を調節するホルモンを血液中に分泌《ぶんぴつ》します。

この大事なすい臓がどうも何か異常を起こしている。そのために数値が高くなっている。そんな疑いがもたれました。

ところが、すい臓は体のいちばん奥まっているやっかいな場所にあって、なかなか検査のしようがありません。レントゲンで後ろから撮《と》っても、前から撮っても、横から撮っても他の臓器がじゃまをするので、すい臓はうつりません。CT検査でも、その小さな臓器の細部のところがなかなか見えないそうです。すい臓をよく調べるためには検査入院をしなきゃダメだということになりました。

それは最初に病院へ行ってから、もう約一年以上たっていました。私は、「これまでは、どこにも体に異常がなかったから、すい臓にも異常がなければいいな。でも、すい臓ガンというのは聞いたことがある。あれはなかなか見つからないらしいし、見つかったところでよくなるという話も聞いていない。もしそんなことになったらイヤだな」

そんな不安もありました。

でもとにかく徹底的に病院で調べてくれるということで、私は検査入院をしました。

ガンが発見されて

私が入った病室は、六人部屋でした。最近の新しい病室は四人部屋が多いですが、その部屋は六人部屋で、手をのばせばおとなりのベッドに届きそうです。寝《ね》返《がえ》りを打てばベッドの間にあるカーテンがふわっとゆれる。そんな間隔《かんかく》で六つのベッドが並んでいました。

部屋にいるのは、私と同じような年代の人ばかり。

その部屋に入るだけで病人になってしまいそうな、そんなちょっと暗い感じの部屋でした。

私は不安な気持ちで病室に入っていきました。私のベッドには、きれいにシーツがしかれてあり、ちょっとホッとしました。

そして手前のベッドにいたSさんという男性が、

「渡部さん、あなたは今日はじめて入院して、これからいろいろ不安もあるだろうけど、困ったことがあったら、いつでも声をかけてくれ」

と、だれよりも先に、私に話しかけてくれました。

「こんなふうに声をかけてくれるなんて、ありがたいな。この人はいい人みたいで、よかった」

そう思って、私はその人のとなりのベッドの住人になりました。

その部屋には食道ガン、大腸ガン、胃ガン、そしてすい臓ガン、そういうガンの患者ばかり。すでに手術を受けた人、これから手術を受ける人、いろんな人がいました。

ガン患者ばかりに囲まれていると、ひょっとしたら私もガンかもしれない、と思ってしまいます。

私はそんな不安の中で病院生活を送り、毎日検査を集中的にやりました。こまかい検査ですので、毎日たいへんな思いをして検査をしました。

約一カ月たってその検査結果が出ました。

すい臓に進行性の悪性のガンがある。それが見つかった、と。

私は思いもよらないことでびっくりしました。

この私の体の中に、あのガンがあるなんて、どうしたらいいだろう。

家族も、

「お父さんガンがあったの？　しかもすい臓ガン」

とびっくりしていました。

しかし、担当の医者から、

「まだガンの進行の四段階のうちの二段階。

あなたはまだまだ若いし、大きな手術をしても、それにたえられるだけの体力も十分にあります。平均年齢が八三・五歳のこの時代に、あなたはいまこの病気を克服《こくふく》して、まだまだ人生長生きして楽しむこともできるはずです。

ぜひ、いまのうちに手術をしたほうがいいと思います。

しかし、手術は簡単なものではありません。胃の一部、そして大腸の一部、そしてすい臓にある患部も、当然切り取ります。そして胃、肝臓、すい管を腸につなぎ合わせます。一〇時間に及ぶ手術を六人の医師のスタッフでやらなければなりません」

という説明がありました。

そんな大手術の説明を受けて、大丈夫《だいじょうぶ》だろうかと、すごく不安になりました。

しかし、家族みんなのすすめや、私自身もまだまだ生きたい、そんな思いもあったので、思い切って手術を受けることにしました。

同室のSさんとの友情

となりのベッドのSさんも、

「渡部さん、私も食道ガンの手術をしたんだよ、リンパにちょっと残ったところがあるけれど、それをつぶせば退院できるようになるだろう。

いまは点滴《てんてき》をぶら下げて抗《こう》ガン剤《ざい》を打って、毎日、その退院の日を待っているんだよ。大丈夫だから、渡部さんもがんばって手術をするといい」

と、私を力づけてくれました。

同じような手術をした人が、そういうふうにして声をかけてくれるのは、私にとっても力になりました。

Sさんの自宅は埼玉《さいたま》県にあるので、家族や近所の人たちは、お見舞いにくるにも二時間はかかってしまうそうです。でも毎日、人がやってきます。奥さんは、ご主人の術後によいと聞いてつくった手製のヨーグルトを食べさせていました。私もよくおすそ分けしてもらいました。

夕方になると、Sさんの一人息子がほとんど毎日のように、会社帰りに寄っていました。来月結婚するという、許婚《いいなづけ》（フィアンセ）の女性といっしょのこともありました。

私とSさんとは、ベッドに寝ていると手がつなげるような至近距離で、毎日生活していました。しかし、息子さんやお見舞いの人がくると、カーテンを閉めて遠慮していました。

でもほんとうに短い距離でとなり合わせですから、声はよく聞こえました。息子さんとは、結婚式の披露宴《ひろうえん》での席割《せきわ》りのことや、引《ひ》き出物《でもの》の打ち合わせなどをしていました。家族の近況《きんきょう》もいろいろ報告されていて、Sさんの家族のあたたかさが伝わってきました。

そんなとき、Sさんが喜ぶ顔が見えるようでしたし、いい家族がいるんだなぁと、私の心もあたたかくなりました。

Sさんの枕元《まくらもと》のカレンダーには、翌月に迫《せま》った息子さんの結婚式の日に、大きな赤丸がマジックで書かれていました。Sさんは、

「抗ガン剤治療が終われば退院できるんだ。結婚式にはかならず出られる」

そういうふうによく言っていました。

一〇時間の大手術は成功したが

そして、私の手術の日がやってきました。

私はエビのように丸まって全身麻酔《ぜんしんますい》の注射を打たれました。そして手術室に向かうとき、Sさんが点滴《てんてき》の管をぶら下げながら、私が横になっているストレッチ

ャーのところへきて、「大丈夫だからな」と手をにぎりしめてくれました。私も、がんばってくると、その手をにぎり返しました。そして家族に見守られながら、私は手術室にはこばれました。

そして、目がさめたのは、その日の夜でした。

目を見開いて見まわすと、白い帽子《ぼうし》と白衣をつけた妻と長男が、

「お父さん、気がついた？　よかったね。悪いところを全部取ったらしいよ。すごいじゃない」

と言ってくれました。

そうか……手術、成功したんだ。生かされたんだ。

そう思って、またフーッと深いねむりにつきました。

それから二日間の集中治療室《しゅうちゅうちりょうしつ》にいて病室へ帰ると、同室の患者さんのうち、二人の顔が変わっていました。Sさんに、

「あの二人はどうしちゃったの？　部屋をうつったの？　よくなって退院するに

しちゃ、ずいぶん早いよね」

と聞くと、

「いや、渡部さん、あの二人は渡部さんが集中治療室に行っている間に亡《な》くなったんだよ」

と、言うんです。

そんなばかな、そんなにすぐに死んでしまうなんて。病院というのはそういうところなんだ。わからないものだな。病気ってこわいものだな、と思いました。

しかし、その人たちとはあいさつを交《か》わすぐらいで、つきあいもそれほどなかったので、そのときはそんなふうに感じただけでした。

Sさんの死

そのうちに、Sさんの退院の日が決まりました。Sさんはそれはそれは喜んでいました。私もうれしかった。

そしてそれから何日かたったある晩のことです。消灯《しょうとう》の九時になり、お見舞いにきた人たちも帰り、看護師さんたちはまだバタバタ廊下《ろうか》を歩いていましたが、それでも静寂《せいじゃく》が訪れ、電気が消え、みんな床につきました。テレビも消しました。

一時間くらいたったころでしょうか。となりのSさんのベッドから、突然ウッという声と、ガチャンという音が聞こえました。私はびっくりしました。

何があったんだ？

すぐに、私はとなりのカーテンをパッと開けました。

Sさんが仰向《あおむ》けになって、胸を押さえています。そして点滴がはずれ、その一帯の床にシミが広がっていました。

私はおどろいて、

「どうしたんだ、何があったんだ」

と声をかけましたが、Sさんは一言も言いません。

すぐに看護師さんが飛んできて、ストレッチャーでSさんを乗せてはこびました。

Sさんはナースステーションの前のあの薄暗《うすぐら》い緊急治療室《きんきゅうちりょうしつ》……いつもはガラーンとして何もない所、そこにあかりがともり、はこばれていきました。

何だ、どうしたんだろう。

あまりにも突然で、ぜんぜん予想もしていなかったので、私は何もわからず、何もすることができませんでした。

でも、朝には病室に帰ってきてくれるだろう。一時的なものですぐに治療が終わって、元気になって帰ってきてくれればいいな。まさか死ぬなんてことはないだろうな。

いや、それはわからない……そんな思いが頭をよぎりました。

しかし、すぐに否定しました。そんなことはない。退院の日だって決まっているんだから、明日の朝になったら、きっと元気になって帰ってくるだろう。

私は病室に戻り、ベッドの中で布団《ふとん》をかぶり、両手をかたくにぎりしめて、横になりました。

しかし、朝までよくねむれませんでした。

やがてカーテンのすきまから朝日がさしてきました。私はふだんより早く起きて、ナースステーションの前で当直の看護師さんに、

「Sさんはどうですか」と聞きました。

すると、

「Sさんは夕べ、亡くなりました」

と言うのです。

私はすぐに後ろをふり返りました。Sさんがいたはずの緊急治療室が、またいつものように、がらんどうの何もない部屋になっていました。

「なんで……」

私は言葉も出ませんでした。生死はだれが決めるんですか？　なぜ、私でなかったんでしょう？　なぜ、他の人でなかったんでしょう？　なぜ、Sさんだったんでしょう？

人というのはほんとうにわからないものだ。あんなに生きたくて、生きたくて、退院を楽しみにしていた人が、どうして死ななければならないのか。もし神がいるなら、私は神をうらむ、そう思いました。

私はそれから食欲もなく、ベッドの中で落胆《らくたん》していました。

私だっていずれはああいうふうになるだろう。次は自分の番なんだと思うようになっていました。

私は、気持ちが落ち込んでからだの力もなくなってしまいました。

私を支えてくれた友だち

しかし、次から次へと近所の人、いままでかかわりのあった人たち、こんな人までも……と思うような人たちがお見舞いにきて、力づけてくれました。

私の手をにぎり、だれもかれも「しっかりしろ」、そう言ってくれました。

そして中学時代の友人たちまで来てくれました。

私は中学まで横浜で育ちました。そのころの友人とは一〇年くらい前から同窓《どうそう》会《かい》を開くようになり、さらに何人かで、毎年のように集まっていました。

そんな友だちが私の病気のことを聞きつけ、心配してくれて、男女あわせて一五人ほどで横浜から駆けつけてくれました。

中学時代の、あの一五歳のときのあのままの笑顔や心配顔、なつかしい口調で、

「また同窓会をやるんだから、がんばるんだよ」

と力づけにきてくれました。ありがたかった。友だちはありがたいです。

私たちはいまの時代に、みずから望んで生まれてきたわけではありません。

でも、いま生まれてこなかったら、縄文《じょうもん》時代や戦国《せんごく》時代、あるいは戦時中に生まれてきたら、あるいはアメリカやドイツに生まれていたら……。ちがう時代やちがう場所に生まれていたら、まったくちがう人間になっていたはずです。

でも日本で、この時代に生まれて、同じ学校に通って、同じクラスの仲間として知り合う。その仲間たちというのは、個人の力を超えた大きな力によって、出会い、引き合わされている、と思います。

生と死について考える

私はそれまで、生まれてから死ぬまで、それは一人の人生であり、一人で生きていくものと思っていました。

死を意識したこともありませんでした。

しかし、Sさんの死を目《ま》のあたりにしたとき、生と死は一対《いっつい》のものだと思いました。

生と死は表と裏であって、別々のものじゃない。

生と死はとなり合わせにあって、生のほうにいても、あっけなく死のほうへ行ってしまう。

生まれてから死ぬまでは、その一対の生と死をいつも背負いながら生きていくのだと、強く感じました。

Sさんが死んで、いろいろ考えました。

Sさんの死は、私にとって苦しくてつらいことでした。

私は夜もよくねむることができず、生と死とはどういうことか、人間は何のために生きているのか、Sさんは何のために生まれてきたのだろう、Sさんは幸せだったのだろうか、そんなことをずっと考えていました。

そして、私はお見舞いにきてくれた人たちのことを考えました。

みんなのあたたかい言葉とやさしい気持ちにどんなにか勇気づけられたことでしょう。おかげでどん底の気持ちから、はい上がることができました。

つらいときに手を差しのべてくれる思いやり、やさしさによって、人は生きる力をもらうんだ。病院の医師が出してくれる薬で元気になるんじゃない、と思いました。

では、私はいままでどうだったか？
振り返ってみるとはずかしいことばかりでした。
他人をそんなに大事にして生きてきませんでした。
自分のことを最優先にして生きてきました。

それなのに、お見舞いにきてもらって、たくさんの思いやりをもらった。これは大きな借りだ。いつか私が無事に退院したら、その時にはかならずこのお返しはしていかなきゃいけない。人生をかけて、私が死ぬまでにお返しをしていかなきゃいけない、このままいま死を迎えたらきっと悔いが残る。
そうしなければ物をもらっても、ありがとうと言えない人と同じになってしまう。そう思いました。

Sさんの死から一〇日ほどたったとき、Sさんの奥さんが私の病室にやってきました。

「渡部さん、うちの人は生きたい、生きたいと言っていました。ですから無念《むねん》だったと思います。

渡部さんは退院の日も決まったそうですね。いまナースステーションで聞きました。よかったですね。うちの人も喜んでくれていると思います。

どうかうちの人の分まで元気で、これからの人生を楽しんでください」

と、わざわざあいさつをしにきてくれたのです。

私はその奥さんの言葉を聞いて、胸がつまりました。

自分のご主人を亡くされてどんなにつらい思いをしていることでしょう。それでも、私のことを思いやってくれて足を運んでくれたのです。

私は何のお返しもできなかったけれど、思いやりをもらい、そのあたたかさにふれてありがたいと思いました。そのやさしい心情を忘れてはいけないと、しっかりと私の胸の中に刻《きざ》みました。

桜の花が教えてくれたこと

そして私は退院の日を迎えました。

私が入院したときに同室だった六人の中で、退院することができたのは私一人だけでした。あとの人は全部亡くなりました。三カ月、九〇日間の入院生活中にみなさん、亡くなりました。

そして一二〇人もの人たちがお見舞いに来てくれました。これほど多くの人が来てくれるなんて思いもしませんでした。私は、こんなにも多くの人たちとかかわりをもちながら生きてきたという事実を、これまでの人生で感じたことはありませんでした。

私は生きていることに喜びを感じながら退院しましたが、入院生活でげっそりとやせてしまいました。

私は体力をつくるために毎日散歩をして、そしてリハビリにも通いました。一二月に退院して、四月まで私は家の近所にある公園を、毎日のように散歩しました。

四月に咲いた、その公園の桜はきれいでした。

満開の桜を見上げると、その向こうに透《す》けるような美しい青空が広がっていました。これまで毎年見てきた光景とは、それは格段《かくだん》にちがっていました。

そのとき、私は生きていることの喜びを感じました。私だけが生きてこの桜を見ることができた。うれしかった。その桜の美しさは、いままで見てきたどんな桜よりも美しく、特別な桜のように私の目に映《うつ》りました。

そのときに私は、

「幸せはなるものでなく、感じるものだったんだ」

そう思いました。

私はいままでの人生で、強く幸せを求めつづけて生きてきました。家や物や金など、形があるものが幸せのすべてで、それをつかみとることが幸せだと思って、私は人生の中でそれを全力で追い求め、生きつづけてきました。

しかしこの桜を見たとき、幸せは感じるものだったんだ、とほんとうに理解したのです。

だんだん体も癒《い》えてきて、私は退院してから半年後には仕事に復帰しました。それまで私がいなかったために、妻やまわりの人たちに仕事をしてもらってきた分を取り返そうと、一生懸命にまた働き出しました。

そして、そのころちょうど江戸川区では「すくすくスクール」という事業がはじまりました。放課後や土曜日に、子どもたちが小学校の教室や校庭、体育館などで、遊んだり、学習ができるようにするシステムです。

私がいままでの青少年委員やPTA、子ども会活動で子どもたちとかかわってきていたということもあって、『すくすくスクール』のマネージャーとしてぜひ協力してもらいたい」という話がありました。

私は「よし、入院中に多くの人にはげましてもらったお返しをしよう」と思い、「すくすくスクール」のマネージャーを引き受けました。ボランティアスタッフとして、子どもたちと遊んだり、話をしたり、あるいは全体のマネージメントをするのです。

子どもたちもだんだんなついてくれて、「すくすくスクール」も順調に軌道《きどう》に乗りました。私もたいへん意義のある仕事だと思って、仕事と両立させてやっていきました。これはいまでもつづけています。

ガンの再発、そして余命宣告

そして退院してからも、二カ月に一回ずつ、病院で検査を受けていましたが、ずっと経過《けいか》は順調でした。

仕事も家庭の生活も、病気や手術なんてなかったかのように、またもとの生活に戻《もど》っていました。

しかし、そうはうまくいきませんでした。

すい臓ガンの手術から二年半たったころの検査で、

「また数値が上がっている。おかしい。順調にいっているはずなのに」

と医者から言われました。国立がんセンターを紹介してもらって検査を受けることになりました。

国立がんセンターでまた、さまざまな検査を受けました。

検査を受けるときは、いつも車で通っていましたが、検査結果が出るその日は、「たまにはがんセンター近くにある築地市場《つきじいちば》でうまい寿司《すし》でも食って帰ってこよう」と、そんなことを妻と話していたので、二人で電車で出かけました。

二〇〇五年五月二七日のことでした。

病院で診察室に入っていくと、先生はレントゲンのフィルムなどを広げて待っていてくれました。

そして、まず「渡部さん、落ち着いて聞いてください」と言われました。この言葉に私はイヤな予感がしました。その予感はあたってしまいました。

「二年半前のすい臓ガンの手術は成功して、悪いところは取りました。しかし、その前に目に見えないガンが体中にまわって、それがあなたの肺に転移し、いま二センチの転移性肺《てんいせいはい》ガンとなっています。

それを手術して取り除くことができたとしても、もうすでに体中にガンがまわっています。肝臓、腎臓などにもまわるでしょう。手術は体力を落とすだけで、別のガン細胞がまた活動をはじめます。このガンはそういう性格なんです」

そういう説明をされました。

私はびっくりしました。妻もびっくりしました。

そんなことってあるのかよって。

「先生、それはどうやって調べたんですか？　どうやったら治るんですか？　このないだ手術をして、体調も順調になって、私はすっかり治った気になっていました。私だってまだまだ生きたい。どうやったら治るんですか？」

と、医者に聞きました。

「二つの道があります。ひとつは抗ガン剤を打っていまの肺ガンの進行を遅らせる、延命治療《えんめいちりょう》をする方法。でも、抗ガン剤治療は副作用《ふくさよう》があってつらいです。もうひとつは、いまは体調もよいので、なんでもできるこのときに、好きなことをやってください。

いまはガンが神経にぶつかっていないので、痛みはまったくありません。やがてぶつかって痛みを感じるようになるでしょうが、それまで何もしないで、いまの状態のままでふつうにすごし、やがて痛みがきたり、あるいは他の場所に転移したら、緩和《かんわ》療法のホスピスへ行く。

この二つのどちらかを選択《せんたく》してください」

と言われました。

私はたまげました。

抗ガン剤による延命治療をしても、何もしなくても、どっちみち命はないということです。治らないということです。

私はすぐに聞き返しました。

「先生、もしそれなら、このままにしておいて何も治療しなかったら、あとどのくらい生きられますか？」

先生の答えは、

「あと一年半」


私は信じられませんでした。

なんだって？　私が、この元気な私が一年半？

そんな残酷なことがあるか。

私はその結果に納得ができなくて、次の日から順天堂医院やT大病院、K大病院をまわりました。しかし、すべて同じ結果だったのです。

その日は、とりあえず抗ガン剤治療をすることに決め、入院手続きをして家に帰りました。すると母が待っていました。

「どうだった？　検査結果はどうだった？」

と聞くので、

「肺に転移していたけどたいしたことはないよ。入院はするけど心配しなくて大丈夫だってさ」

と報告しました。

そしてうわのそらのまま、夕食を少しだけ食べました。そして自室に入って、妻と二人で朝まで泣きました。つらかった。くやしかった。

自殺を考えて

私は苦しくて、もう前へ一歩も出られないような状態でした。

余命宣告を受けてからは、睡眠剤《すいみんざい》を飲まないとねむれなくなりました。

妻もやはり不眠症になり、睡眠剤がないとねむれない。

うちの中にはどんよりした空気が漂《ただよ》っていて、みんなが暗い気持ちと沈んだ空気の中で毎日をすごしていました。

私はどんどん元気がなくなっていきました。

ある晩、自宅の屋上にあがってぼんやりウイスキーを飲んでいたとき、これはもう前にはいけないいな、もう生きるのをやめちゃおう、と思いました。もっているすべての睡眠剤をウイスキーといっしょに飲んでしまおうと思ったのです。

でも、何も語らずにあの世へ行くことはできないなと、長男の携帯電話に電話をしました。夜一〇時半ころで、妻は風邪気味《かざぎみ》で先に床につき、母はもう寝ていました。


長男が生まれたのは私が二三歳のときです。

長男は専門学校を卒業すると、私の仕事の後を継《つ》ぎたいと言い、一〇年間ともに働きました。そのあと、五歳年下の弟も、ともに仕事につきたいという目的を持ち、商科の専門学校を出て働きはじめました。

私にとって、親子で同じ目標に向かってともに働ける、そんな嬉《うれ》しいことはありませんでした。

みなでいっしょに働きはじめ、そんな楽しい夢のような日々を送りはじめた矢先、バブル崩壊《ほうかい》とともに、受注量が大幅に減り出しました。子どもたちとも話し合い、会社と共倒れにならずに、これから先の人生、みな別の道に進むことを決めたのです。

私はそのとき、親の私がついていながら、やる気満々のわが子たちの将来に力がおよばなかったことは父としてつらく、情けなく、無力《むりょく》な自分を思いしらされました。バブル崩壊とともに私の夢もしぼみました。

よいことは長くつづきません。

その後、長男は建設関係の道にへ進み、いまでは資格も取り、ゼネコンの工事現場の監督をしています。次男は商社勤めの会社員になりました。

長男も三八歳をむかえ、妻と可愛《かわい》い小学生の子どもが二人います。その嫁《よめ》はいま私たちとともに工場の支えとなって働いてくれています。

長男は小さいときから工場のかたわらで遊ばせながら、仕事とともに育ちました。ですから、私は、長男とは最後に話しておきたいと思いました。

携帯電話を取り出して「オマエの声を聞きたかったから」と長男に電話をすると、たまたま彼は家に帰ってきていて、「いまから屋上へ行くよ」と言って、屋上にあがってきました。

長男は、私がウィスキーと睡眠剤をにぎりしめているのを見て、

「僕はお父さんの気持ちにはなれないけれど、つらいのはよくわかるよ。だけど、お父さんがつらいだけじゃなくて、お母さんだって、おばあちゃんだってつらいと思うよ。僕だってつらいし、みんな、お父さんと同じ思いをしているんだよ。お父さんだけがつらいんじゃないんだよ」

と、言いました。

私はいままで、

「いつも絶対に負けるな。どんなことがあっても辛抱して、前へ進むことを忘れ

るな。

善と悪の区別はちゃんとつけて、善を積極的に行う力をいつも身につけていくんだ」

と、子どもたちに言っていました。

ですから、長男の言葉を聞いたときに思ったのです。

自分はあれだけ強く信念をもって生きてきたのに、いまここで自分が揺《ゆ》らいだら、自分の「生きざま」はゼロになってしまう。マイナスになってしまうかもしれない。

これで自分が死んだら、自分が強く生きてきたことなんて、一発でなくなってしまうだろうな。自分が自分で命を絶つようなことがあったら、いままで自分が言ってきたこと、やってきたことがすべて空論《くうろん》になってしまう。

そうだ、子どもたちにはじるような、顔も見せられないような生き方だけはしたくない。自分は最後まで自分の生き方を貫《つらぬ》こう、そうやって強く生きていこう。

そう思いました。

そのときは霧《きり》が晴れたように、迷いが消えて、自殺を思いとどまることができました。気持ちを強くして生きていこうと、覚悟《かくご》を決めました。

でもしばらくたつと、また弱虫になってしまう。

自分の背中にある弱虫がやっぱりうずくわけです。

また、つらくなって悲しくなって、もう一歩も前へ進めない状態になってしまうのです。

横浜の友だちのところへ遊びに出かけた帰りもそうでした。

「じゃあな。渡部。元気を出してな」と友だちに見送られ、車で高速道路を走っているうちになんだかむなしくなってきて、

「もう、死にたい、あの二股《ふたまた》に分かれているインターチェンジで、そのまま真正面から一四〇キロでつっこんで、バーンとぶつかって死のうか」

本気でそう思いました。

何とか思いとどまりましたが、あとわずかしか生きられないことが悲しくて、そして弱さに負けてしまう自分が情けなくて、泣きそうでした。

それでも生きて家に帰ってきて、妻に「つらすぎる」と話しました。妻は、「お父さんはつらいだろうけれど、生きていてほしい。つらいのはお父さんだけじゃない、お義母《かあ》さんだって、私だってつらさは同じ。私はお父さんに、生きてもらいたい。お父さんらしく、生きていてもらいたい」

と言いました。

そうかもしれない。

私が入院しているときに、一二〇人もの人がお見舞いに来てくれた。

やっぱり、私は一人で生きているんじゃない。私のことを見ている人がいる。

「すくすくスクール」では、三〇〇人以上の子どもが私の背中を見ているじゃないか、それにはずかしくないような生き方をしないで、どうするんだ。

何が青少年育成だよ。

青少年育成のボランティアを長くつづけているおまえが、そんなんではずかしくないのか。

「しっかり生きろよ」なんて子どもたちに言っていたじゃないか。おまえはいままで、子どもたちに、自分でもできないようなことを言っていたのか？　そんないい加減《かげん》なことを言っていたのか？

おまえが、いまのつらさを乗り越えないで、だれが乗り越えるんだ？

私の背中がそう言うんです。

私は死ぬことはできませんでした。


それでも、こんなに一生懸命生きてきて、商売も順調で、借金もすべて完済《かんさい》し、これからちょっとは人生を楽しもうとしていたときに、なんでよりによって自分は死ななくちゃならないんだ？

その気持ちはなかなか消えませんでした。

私はいままで、ひたすら、がむしゃらに生きてきたのです。

小さなころから貧しさから抜け出ようとひたすらがんばってきたのです。

第三章

感謝すること

小学生のころから働いて

私は、一歳から中学を卒業して家を出るまで、横浜に住んでいました。小学校五年のときに、父を病気で亡くしています。一九五五年のことです。

父は四三歳のとき、ガンが見つかって手術をしたのですが、そのときはもう手遅れだったそうです。父は半年ほど家で死を覚悟《かくご》して寝込《ねこ》んでいるとき、母に、

「どんなことがあっても、この子どもたちを手放さないでほしい。どうかしっかり育ててほしい。死んでもかならずおまえたちのそばで、おまえたちを見守るから」

と言ったそうです。

そんな父が逝《い》ったとき、母は三二歳。中学一年の兄、小学校三年の弟、そしていちばん下の弟はまだ二歳でした。終戦からまだ一〇年ほどしかたっていなくて、日本全体がまだまだ貧しかった時代です。そんなときに、若い母は四人もの小さ

な子どもを残されてしまったのです。母は失意《しつい》の中で、一時は子どもを道連《みちづ》れに親父の後を追おうと思ったこともあったようです。

でも母は、私たちを道連れにして死ぬこともなく、一生懸命に働いて、私たちを育ててくれました。

そんな母の姿を見て、その思いを私たちは感じとりました。子どもながらに母を助けなければと思い、兄と私は相談し新聞配達をして家計を助けました。

私は早朝五時から新聞配達をしました。それが終わると家に帰り、母が仕事に出かけたあと、二歳になる弟のおしめと着替えをもって、近所の教会へ弟をあずけに行きます。泣き叫びながら私の後を追いかけてくる弟の声をふりきって、走って学校へ行きます。

そして学校が終わるとすぐにまた新聞専売所へ行って夕刊をもらい、その配達が終わると弟をむかえに行きました。弟は私の顔を見ると、いつも喜んで飛びついてきました。その弟を抱っこして、またおしめと着替えをもって家へ帰ります。

兄弟三人で洗濯《せんたく》や掃除《そうじ》、弟の面倒《めんどう》を見る当番などを分担してやり、みんなで母の帰りを待っていました。

夏休みといえばアルバイト。冬休みといえばアルバイト。

私は働いてかせいだお金は自分ではつかわないで、すべてを母に渡してきました。自分勝手なつかい方をしたことは一度もありませんでした。

小学校五年から六年、中一、中二、中三。そうやって私は中学卒業までの五年間をすごしました。


ほんのささいなことなのですが、中学時代のトレパンのことはよく覚えています。中学に入学するときに、体操着のトレパンを買いました。足首までの長いトレーニングパンツですね。

ところが中学の三年間はいちばん背が伸びる時期です。中学二年のころにはつんつるてんに短くなってしまいましたが、母に新しいトレパンを買ってくれとは言えませんでした。

だけど、つんつるてんのトレパンなんてかっこわるい。多感《たかん》な中学生の時期にそんなのをはいて、女の子の前や、男の同級生の前では体操なんかできません。私は中学入学当時、とても小さくて、クラスでも一番目か二番目くらいの身長しかありませんでした。しかし、卒業するころには大きなほうから数えて三〜四番目、というくらいに背がぐんと伸びたものですから、ほんとうにつんつるてんで、とてもはけたものではなかったのです。

ですから体育の授業があってもトレパンをもっていかずに、いつも忘れたと言っていました。うちの家庭事情をよく知らない先生からは、「いつも忘れものをする」と叱《しか》られました。

音楽の授業でつかう笛も買えなかったので、いつも他のクラスの友だちに借りていました。でも、音楽の授業がダブったりしてうまく借りられないことがあります。ですから音楽の先生から、「おまえはよく笛を忘れる。家に取りに帰ってこい」と言われたりもしました。家に帰ってもないんだけどなあと、上履《うわば》きから運動靴《ぐつ》にはき替えながら、半べそをかいたこともあります。

校庭で遊んでいるような年頃に、新聞配達だの、弟の面倒だの、我ながらよくやったな、と思います。

母の教え

母は、昼間は外で働いて、夜は内職《ないしょく》をやっていました。「生活保護を受けたら」という勧《すす》めもあったようですが、それを断り、自力で親子五人の生活を支えたのです。内職は、絹《きぬ》のスカーフの縁《ふち》取《ど》りでした。

私たち兄弟で、内職を手配しているおばさんのところに行って仕事をもらってきます。染色《せんしょく》されたあとに、まだ裁断《さいだん》されていないロールに巻かれている布をもらってきて、それを私たちがはさみで切り、一枚ずつ重ねておきます。それを帰宅してご飯を食べ終わった母が縁取りをします。

母がそれを縫《ぬ》っている間、私たち兄弟は四人かたまって、母の仕事をよく見ていました。母は手を動かしながら、「今日は病院でこういうことがあった」「こういう人にお世話になった」という話をしてくれました。

母は横浜の病院の受付事務をやっていました。女性が社会で働くこと自体が、いまほどあたりまえでない時代にこうした職につけたのは、父の上司のかたの力《ちから》添《ぞ》えがあったからです。

父は役所の仕事をしていたのですが、その働きぶりを見ていた上司は、残された親子のこれからの生活を心配してくれ、この仕事をあっせんしてくれたのです。

当時二歳の幼児をあずかってくれるところもなく、事情を知って近所のキリスト教会の牧師さんがあずかってくれました。

こうした人たちの厚意に報《むく》いるために、母は仕事を休むことがありませんでした。いちばん下の弟が幼稚園の遠足のときは、母から「学校を休んで、いっしょに行ってやってくれ」と言われ、中学の詰襟《つめえり》を着て、大人の保護者といっしょにバスに乗って遠足へ行ったことも二回あります。

母はいつも、

「お父さんがまじめに仕事をしていたから、上司の人が仕事を紹介してくれたんだよ。その恩返しをするためにも、その人たちにはじないような生き方をしていくんだよ。学問は身についていなくても、人の恩とか、人に感謝するという気持ちはもてるはず。この先、どういう大人になるかわからないけれど、それだけは忘れないでほしい」

それこそ耳にタコができるくらいに、母は内職をしながら、私たちに言い聞かせるのです。

私たちはその仕上がったスカーフをまた風呂敷《ふろしき》に包んで、おばさんのところへもっていきます。「ごくろうさまでした」と言って、私たちにアメ玉を二〜三個くれました。そしてスカーフの枚数を数えて帳面につけて、また新しい内職の布をくれます。あの当時、内職がいくらだったのかわかりませんが、いくらにもならなかったと思います。それでも、毎晩毎晩、母は内職をしていました。

そういうふうに働いている母の姿を見ているので、中学校を卒業するまでの五年間、ずっとアルバイトをしつづけて、遊べませんでした。

私だってそんなに意志が強くありませんから、母がいい加減《かげん》なことやっていたら、私も自分の身を粉《こ》にして働けなかったと思います。新しいトレパンを買ってほしいとわがままを言っていたでしょう。

母は仕事から帰ってくると、

「今日もきれいになっているね、掃除《そうじ》してくれたんだ」

「今日はごはんができているんだ、ありがたいね。帰ってきたらご飯ができているなんて、うれしいよ」

と、いつも感謝してくれました。

母がそう言ってくれると、やっぱりそれがうれしかった。

夏休みも冬休みもアルバイトして、そのお金を一銭《いっせん》もつかわないで、母に渡していましたが、母だって、そんなに小さい子どもがかせいだお金をもらうなんて、つらかったと思います。でもそれだけ生活が苦しかったということでしょう。

母はいつも、私たちに「ありがとう」と感謝して、そして切《き》り詰《つ》めた生活をして、私たちを育ててくれました。

絶対に金をかせぐ、社長になる！

しかし、ずっと平穏《へいおん》な気持ちですごしてきたわけではありません。

私は中学の二年三年のころには、

「もうこんな生活はまっぴらだ。自分はこれだけつらい思いをして働いている。おふくろがつらくてたいへんなのはよくわかっているけれど、自分の働いたお金くらいは自分のものにしたい」

そんな気持ちがわいてきました。

そして、いつか金持ちになる。いつか自分が豊かになる。母にも楽をさせてやり、自分自身も金に困らない生活をしたい。そういうふうに強く思いました。

ですから、中学を卒業したら高校に行くなんていうことは考えもつきませんでした。同級生のほとんどは高校へ行きましたが、私は行っていません。私は仕事を選びました。

一円でも給料が高い職場を選び、そして身を粉《こ》にして働いて収入を得ました。中学卒業と同時に家を出て、ひとりでアパートを借りました。自分でどれくらいできるか、試したくなったのです。屋根裏部屋《やねうらべや》みたいなアパートでしたが、自分でかせいだお金でアパートを借りて、自分ひとりで生活したのです。

でも、ひとりで生活するのはたいへんなことでした。

そんな毎日を送っていると、豊かになりたいという気持ちがさらに強く、むくむくと起きてきます。

ちょっとぜいたくしたいな、お金があったらいいな、なんてそんな甘い考えじゃありません。絶対に社長になって金持ちになって、つらい思いをしている母もなんとか楽にしてやりたい、自分も豊かになりたいと、思いました。

ところが、現実の社会はそれほど甘くはありませんでした。

一五歳の中学出の子どもが実際に社会で働いて、何をやっていくというのか。まだまだ勉強しなくちゃならない。まだまだ学ぶべきことがいっぱいある。ただ身を粉にして働いているだけでは、社長になるも何もない、そういうことを強く感じました。

「社長になるためには、自分は高校に行かなきゃならない。

学ぶことをしなければならない。

人を雇《やと》うようになっても、中学しか出ていない社長の話をだれが聞いてくれるだろうか。知識を学べるときに学ばないと、社会の役に立つことができない」

そんなふうに思ったのです。

私は中学卒業してから二年後、一七歳で定時制《ていじせい》の商業高校に通いはじめました。商売で身を立てるために、実際に役立つことを学びたいと思ったからです。

二歳下の人たちと同じクラスになるのは抵抗がありましたが、そんなことは言っていられません。社長になるためには、勉強は必要です。

定時制なら自分が働いたお金で月謝《げっしゃ》が払えますし、昼間も働けます。

昼間は九時から夕方の五時まで働き、五時半から九時までの定時制高校へ行き、夜一〇時からは沖仲仕《おきなかし》といって、横浜港の大黒埠頭《だいこくふとう》から達磨船《だるま》に乗り、沖の本船へ行って、荷物を本船にあげる仕事をしました。この沖仲士の仕事は過酷《かこく》な労働でしたが、賃金がよかったのです。

そして朝五時まで働き、三時間ほど睡眠をとって、また働く。そんな生活をつづけました。でも高校には毎日通いつづけ、定時制高校は卒業まで四年かかるのですが、ちゃんと四年で卒業をしました。

グレそうになったとき助けてくれた人

こんなふうに書くと、ひたすらまっすぐに突き進んできたみたいですが、じつはそうでもありません。

中学を卒業して高校に入る前、一六～一七歳のころ、やくざになろうと思ったことがあります。

中学卒業して働きはじめたものの、一人で生活するのは並大抵《なみたいてい》のことではなく、毎日の重労働に疲れ果てていました。多感《たかん》な時期ですから、母の言うことを聞く「いい子」でいることにも疲れ、気持ちがすさんでいました。とくにわけもなく自分の身がさびしく感じられるのです。愛に飢えていたのかもしれません。

当時、中学時代の友だちで、チンピラみたいなことをやっていたのがいて、彼と話していると、彼の悲しさとか苦しさがよくわかる。境遇がよく似ていたからかもしれません。

そして、彼の出入りしていたやくざの事務所にいっしょに行ってみると、そこにはすごくやさしいお兄さんたちがいました。

みんな家庭環境が悪かったり、学校や社会でいじめられてきています。生活が苦しかったりする中で生きてきて、孤独でさびしい人間たちが集まっていますから、気持ちもわかりあえるし、やさしいんです。

ほんとうは、ろくでもないことをしている連中なのですが、そこにはさびしさを凝縮《ぎょうしゅく》した魂《たましい》が集まっているから、そこへ行くと共感できる。心が休まるような気がしました。

彼らもすごく私の気持ちをわかってくれる。そこにいれば安堵感《あんどかん》があって、救われる思いがしたんですね。

ほんとうは、こんなところにいちゃいけない、ということはわかっているんです。でも、「社長になる」という夢と、現実の厳しさの間で不安になり、満たされない思いもありました。焦《あせ》ってすねて、ヤケになっていたのです。

でも、そこを取り仕切っている兄貴分の人が、あるとき、

「オマエは正業《せいぎょう》につかなきゃダメだ。オマエの家は母さんが一生懸命働いている。オマエがこんなことをしていたんじゃ、お袋《ふくろ》を悲しませるぞ。オマエは立ち直らなきゃダメだ」

と、真剣に言うのです。その人には私の家の事情もすっかり話していたのです。

うちの母のように、まじめに一生懸命に働いている親がいる人は、彼らの中にはだれもいませんでした。

私はそうかもしれないと思いながらも、まだグズグズしていました。

しばらくして、私はいきがって入れ墨《いずみ》を入れようとしました。

すると、その人がまるでほんとうの兄貴のようにすごく怒ったのです。

「オマエはそんなことをしちゃいけない。オマエが自分の弟だったら絶対にさせない。お袋の気持ちも考えてやれ。こんなところにもう出入りするんじゃない。もう来たって入れてやらない」

と、私を突っぱねてくれました。そのときは、私はそこから追い出されて、安堵できる場所を失い、かなり悲しい思いをしました。しかし、彼らからはなれて、高校に通うようになりました。

まじめな母がいなかったら、私を諭《さと》してくれた兄貴分がいなかったら、私はどうなっていたでしょうか。

そういうところで道は人きく変わっていくんです。

人と人とのかかわり、ほんとうにそれを強く感じます。

人との出会いによって、そして、その人の言葉や生き方をどう受け止めるか、それによって、人生は変わっていくのです。

地球上に六〇億もの人がいて、自分を助けてくれる人、愛してくれる人、気にかけてくれる人に、めぐりあえたことにはとても感謝しています。

「六〇億分の一」の妻のこと

そして、妻や親友というのは、だれが決めたわけでもなく、六〇億人の中から自分が選んだ人で、それによって人生は大きく変わっていきます。

私が選んだ妻の話も少しさせてください。

高校を卒業するころに、妻と知り合いました。

そのころ私は、昼間は母が勤《つと》めていた病院でアルバイトをしていました。病院でも信頼されていた母は、私が少しでも楽に働けるようにと、病院の中の比較的ラクにできるアルバイトを探してくれたのです。

妻は専門学校を卒業して検査技師という資格で、その病院に勤めていました。ですから知り合ったころ、私は一九歳で、妻は二三歳。両親もそろっていて、兄弟が国立大学に行っているような家庭で育っていました。

当時、私はお金の豊かさを求め、一円でも給料の高い職場を渡《わた》り歩き、転職を繰《く》り返していました。

そのため、当然のように妻の実家からは、この結婚に反対されました。
四、五年つき合って生活のメドがつき、二人の気持ちが変わらなかったら結婚しようということだったのです。当時、私はまだ高校在学中の一九歳。妻のほうが年上ということもあり、当然心変わりも心配されました。

先方のご両親は、わが娘の将来に不安を感じていたのでしょう。しかし、私はいままで知り合った女性の中でも彼女には特別なものを感じていました。私は真剣でした。強くいっしょになりたいと思いました。

その後、妻の上司の方も私たちの仲を応援してくれ、心配するご両親を説《と》き伏《ふ》せてくれました。そしてやっといっしょになれたのです。

みんなの心配を押していっしょになったものですから、二人ともその人たちの気持ちを裏切ることなく、一生この結婚は間違いなかった、互いにいい相手に恵まれた、そんな気持ちがつづくように努力しました。

いまでもこの気持ちに変わりはないですし、妻にめぐり会えてほんとうによかったと思います。結婚四〇年をむかえ、あの選択は間違いなかったと思っています。いまこうして私があるのは妻のおかげなのですから……。

私は二二歳で結婚しました。

二三歳で長男が生まれ、二六歳で会社をつくりました。それが洋服のプレスの仕事です。

最初は八畳間と四畳半のある部屋を借りて、八畳間にプレス機械を入れて、私と妻で、死《し》に物狂《ものぐる》いで働きました。長男を四畳半で寝かせ、二人で働いているうちに明け方になって、コケコッコーとニワトリが鳴く声が聞こえたこともよくありました。

三〇歳のときには中古の家を買って工場にし、三二歳でいまの土地を買って、そこに自分で設計した工場をつくりました。

つんつるてんのトレパンしかなかった少年が、親からもだれからも支援《しえん》を受けずに、三二歳のときには、自分の工場を建てたのですから、いかに必死で働いてきたかおわかりでしょう。七〜八人のパートも雇いましたし、機械も次々と新しいものに買い換《か》えましたから、いつも借金で大変でしたけれど。

私は商売では利益を出すことと同時に、いつも誠心誠意《せいしんせいい》よい物をつくることを心がけてきました。

よい物をつくり「株式会社ワタベ」にしかできない商品をつくっていないと、業界の中で勝てない。ただ数をこなしているだけなら、他の会社に追い越され、会社も淘汰《とうた》されてしまうだろう。買う立場になってものをつくろう、そう思っていましたから、技術を高め、いつも新しい機械を入れて、他の会社ではできない商品を生産してきました。

そのうちにだんだん信用もついて、それを認めてくれる会社も出てきました。九〇年代はじめにバブルが崩壊《ほうかい》したとき、繊維《せんい》業界も不況《ふきょう》になり、たくさんの会社がつぶれました。そんな時代を生き延び、こうやって工場をつづけていられるのは、つねに技術をみがいてきたからです。

ゴルフもやらず、旅行にも行かず、すべてを仕事にかけてきて、そして五五歳のときには、新しい機械や工場の建設などへの投資で、膨大《ぼうだい》な額になっていた借金の返済も、すべて終えました。

さあこれからは妻と、旅行に行ったり、おいしいものを食べたりしよう。そして会社勤《づと》めをしている仲間が六〇歳の定年退職を迎えるころには、連中と肩を並べて老後をすごせる、そう思った矢先のガンという病気でした。

母は四人の息子を育て、弟たちもみんな社会人になって独立したあとも、横浜の市営住宅に一人で住んでいました。

しかし、二〇年ほど前、

「そこの家に一人で住んでいるのはさびしいし、こちらもいそがしく子育てもあるので手伝ってもらえればありがたいから、いっしょに住もうよ」

と言って、うちに母の部屋を建て増ししてつくり、住んでもらうことになりました。

四人兄弟の次男なのに、縁あって母といっしょに住めて、毎日をいっしょにすごせることは、幸せだし、ありがたいと思っています。

いっしょに住むようになって、うちの妻も母を大事にしてくれるし、私の子どもたちとも仲良くなりました。母はここの暮らしを気に入ってくれています。

私は特別に母に何かをしているわけではないけれど、いっしょに暮らせるのはうれしいです。

私が小さいころは兄弟が四人もいましたから、なかなか母に思うようには甘えられませんでした。たまたま、他の三人が一日いないことがあり、母を独占できたその日はほんとうにうれしかった記憶があります。

まわりの人たちに助けられて生きてきた

父を失った我々の長兄は働きながら定時制高校に通い、給料はすべて母にわたしていました。勤め先の社長が、兄貴が大学に進みたいなら、将来会社の幹部にという方向で、進学費用を出すと言ってくれたのですが、一六、七歳の少年はその重圧にたえることができず、結果的に退職し、その後自分で会社をおこしました。一度は失敗もして落ち込みもしましたが、すぐに立ち直り、いまでは家族を中心に水まわり関係の会社を経営しています。剣道一家で、仕事をしながら地域の小中学校などで剣道を教えています。

三男は、全日制《ぜんにちせい》の高校にいかせてもらったはじめての子どもでした。私と兄は夜間の定時制高校でしたからね。

卒業と同時に、うちの家族のことをずっと力づけてくれていた人の紹介で、日本を代表する船舶《せんぱく》会社に就職しました。

弟は船に乗って世界をまわる仕事を選びました。

そうしているうち、イギリスでたまたまコンピューターと出会ったそうです。その時代はコンピューターというものが日本にはまだあまりなかったので、「こんなことができるんだ、こんなおもしろいことがあるんだ」と感じたそうです。

そして、その次にイギリスに行ったときに、今度はコンピューターの会社を訪れて、コンピューター技術を身につけました。まだ、コンピューターが大型だった時代です。

そのころちょうど、弟が勤めていた船舶会社でもコンピューターを取り入れることになり、コンピューター技術を習得していた弟は重宝《ちょうほう》されました。

ソフト開発などもやり、会社の重要な役職にもつくようになっていきました。

そして世界でも有数のアメリカの船舶会社に転職して神戸支店長にまでなり、さらにいまはコンピューター技術を生かして、ほかの会社で活躍しています。

いちばん下の弟は私と八歳はなれています。弟は、

「ツアーコンダクターになりたいので、高校を卒業したら英語を覚える勉強をしたい」

と母に頼みました。

すでに兄三人は自立していたので、

「専門学校の授業料くらいは出してやれないこともないから」

ということになり、弟は横浜の英語の専門学校に入りました。

無理を言っていかせてもらった学校です。弟は昼休みになると、近くの山下公園へ行って、外国人を見つけては話しかけて、英会話の猛勉強をしていました。

あるとき、たまたま話しかけた人が、アラスカから来ている水道関係の企業の社長でした。

気が合ったのでそのあとも二〜三回、公園で話したそうです。すると、「そういう目的があって、それだけ努力しているんだったら、アラスカで勉強しないか。アラスカにも大学があるし、自分が身元引受人になるから」

といわれたのです。

そんなことがあって、弟はアラスカ大学へいきました。そして大学で勉強しながら、その合間には水道工事の現場を手伝い、無事に大学を卒業しました。

その後、弟は不動産の勉強をして不動産業務の資格を取り、シアトルで不動産の仕事をはじめました。イチローが活躍しているマリナーズの本拠地のシアトルです。弟は現地で結婚し、グリーンカードも取得し、いまはシアトル市の不動産業界の副会長をやっています。

兄弟四人とも、努力してきたからそれなりにやってこられたのだと思います。努力はかならず実を結びます。原因のない結果はないのです。

それでも母からは、

「自分たちの努力だけでなく、多くのまわりの人たちに助けられてここまでできたんだよ。

お父さんのお葬式のとき、三二歳の若い母親と小粒《こつぶ》な男の子四人並んでいるのを見て、みんなこれからどうやって生きていくのだろうと、心配してくれた。

昭和三〇年代初めの、あの苦しい時代。みんながそれぞれに自分自身のことで精一杯《せいいっぱい》で、他人どころではなかった貧しい時代だった。でもそんなときにも、あたたかい思いやりをかけてくれて、見守ってくれた人たちがいたから、私たちは、生き延びることができた。

そういう人たちがいたことを、忘れるな」

と、毎日聞かされて育ちました。私たちが大人になったいまでも、耳にタコができるくらい聞かされています。

母はいつもまわりの人たちに感謝していたし、そして私たち四人の子どもにも感謝していました。

私たち兄弟は、みんなその恩に報《むく》いなければいけないと思って、がんばってきたわけです。

私も多くの人に助けられて生きてきました。こんな私がガンになり、余命宣告を受けて、いろいろ考えたのです。

若い人たちに伝えたいことが、まだあります。

次の章にそれを書きました。どうぞ読んでみてください。

第四章
そんな軽い命なら私にください

他人のためなら、がんばれる

ギリギリになると、いろんなことを考えます。

自分の命が、もうすぐ終わってしまう、自分の命が限られてしまうなんてことは、なかなか想像できないと思います。

小学生の子どもたちだって、人生はいいことばかりではなく、つらいことや苦しいことがあることは知っています。でも夢があるから、将来があるから、それに向かって生きていけるんです。

でもそれが、一年半という限られた世界で生きていくしかないとしたら。一年半、ある意味では短いとも言えるけれど、苦しみに耐《た》えなければと思うと長いその時間を、生きていく自信はないと私は思いました。

何のためにがんばるのか、何のために生きるのか。わかりません。一年半後には死んでしまうのですから、がんばったってしようがない。

他人から「がんばれ」なんて言われてもうれしくもないし、そんなものは何のはげみにもならない。ふざけるな。何をがんばれっていうんだ、がんばれるわけがないじゃないか、そう思いました。

どうせ夢がもてないんだから、生きる意味がないんだから、早くラクになりたい、死にたいとよく思っていました。


いまでも、「余命をすぎている」ということは忘れたことはないし、いつも何をしているときでも頭のすみっこにありますから、つらいといえばつらい。

だけど、人というのは、暗いより明るいほうがいいに決まっている。

つらいより楽しいほうがいいに決まっている。

だから私はそっちを選んだのです。明るく生きようと。

そして友だちや家族に悲しい思いをさせるのはよそうと思っています。私がつらい顔をしたり、私が悩んでいたら、私のことを思ってくれている人はもっとつらくなります。

私ががんばって、つらさを背負って、それでも明るく振る舞うことができれば、どれだけまわりの人が安心するでしょうか。

私がそう思えたとき、家族はその悲しみから立ち直ることができ、みんなで明るく、病気なんてなかったことのように毎日生きています。

人間ってなかなか自分のためにはがんばれない。でも、他人のためならがんばれる。それはすばらしいことだと思います。

物の幸せにはきりがない

幸せは、なるものではなく、感じるものです。

幸せは、お金や車じゃない、物ではありません。

幸せを感じる心なんです。

私も長い間、童話『青い鳥』のチルチルとミチルのように青い鳥を求めて、手に鳥かごをもって妻とつっぱしってきました。

しかし、あの一〇時間の大手術に耐え、人のありがたみをつくづく知りました。病室のとなりで親しくしていた人があっけなく死んでしまったときに、そして次々と同じ病室の人が死んでいくなかで、ほんとうは何が大事なのだろうと考えつづけました。

そして退院して満開の桜を見たとき、自分はなんて幸せなんだろう、幸せって感じるものなんだと思いました。

そのときに青い鳥が見えたんです。

「物」の幸せには、欲にきりがありません。

私はいま、ハイエースという車に乗っています。

ちょっと欲を出して、今度はベンツに乗りたいと思うこともある。でもベンツに乗ったら、次はリンカーンに乗りたいと思うでしょう。私は車が好きなので、どこまでも欲が出てしまう。

そう、欲望にはきりがないし、限度がないんです。

人間はそれほど長く生きてはいけません。

物への欲望を追い求めていたら、どこまでいっても幸せを感じないまま一生を終えることになる。

それよりは、いまここにある幸せをありがたいと思うことが大切です。

今日、無事にすごせたことをありがたいと思う。謙虚《けんきょ》さと素朴《そぼく》さを昔の人はもっていました。太陽が昇るとき、太陽が沈むときには、自然に手を合わせて感謝したんです。

太陽は明日も昇ってくるかもしれない。だけど、もちろん私も、そしてみなさんも明日の太陽が見られるかどうかの保証はひとつもないのです。

欲望の塊《かたまり》になって、あれもない、これも足りないと不満をもつのではなく、今日も無事に生き延びたことを、もっと素朴に感謝してもいいと思うのです。

善が善を生む

これから長く生きていくみなさんに、幸せになってもらいたい。

生きることに喜びを感じて、意味のある人生を送ってもらいたい。

他人にやさしく、感謝の気持ちを忘れないでほしい。

みんながそうした気持ちをもっていたら、「いじめ」なんか起こりません。

それをまた次世代に伝えてもらいたい。

そう思います。

そうやって善を行おうと思う人が一人でも増えれば、それは次々と広がっていくものです。

私が講演をすると、みなさんが感想文を書いてくれる。それが私の喜びになって、また他の学校にも講演に行こうと思う、よしまたやろうと思う。

善は善を生んでいくのです。

近ごろ、私は友だちと話すとき、「小さいことにとらわれるのはよそうな。自分たちは宇宙観《うちゅうかん》で物を見よう」とよく言い合っています。

宇宙というのは大きくて、そのなかのちっぽけな地球に私たちは生まれてきています。

悩んだりくよくよしたりしたときは、その大きな宇宙から地球を眺《なが》める頭をもとう。そうすれば、そんな小さいことにくよくよしないよ、ということです。

好きな女の子にふられた、きらいな同級生がいる。むかつく先生がいる。

それはみんなにとって、とても腹が立つことなのでしょう。

でも、あまりにも近くで見ていないで、グーッと離れてみたらどうでしょうか。

自分を取り巻くすべてのものが全部見えるような場所から見るようにします。

それができるようになれば、すぐにカーッとしたり、頭にきて不機嫌《ふきげん》になったり、という一時的な行動が、いかにおろかなことかがわかってきます。

いつも人にはやさしくしましょう。やさしさは連鎖《れんさ》するんです。

善は善を生みます。

一万人いれば一万通りの生き方がある

一万人いれば一万通りの生き方があります。

生き方はその人自身が選択して、決めるもの。いちいち他人にお伺《うかが》いを立てて、行動するものではありません。

どっちを選択しようかな、という人生の岐路《きろ》に立ったときは、突発的に決めるのではなく、そこで立ち止まって、よく頭の中を整理して決めていくことが大事です。

そのときに、人としてちゃんと生きるということはどういうことなのかと、それを考えて、決めるのです。

間違えたり、失敗したときも、今度からはここに気をつけよう、こうふうにやっていこうと思えばいい。

だから、失敗は悪いことじゃない。

けれども、ボーッと生きていると、あやまちにも気づかない。

大事なことは昨日より今日、今日より明日と自分自身を高めていくことです。高めていくことによって、他人にやさしくしたり、他人のために尽くせるようになるのです。

これは、人間にしかできないこと。他の動物にはできないことなのです。

人間には復元力がある

ほんとうにそれでいいと思っているのか？　と、私は自分にいつも問いかけています。自分の魂《たましい》に向かって。

いつも自戒《じかい》して辛抱《しんぼう》して精進《しょうじん》して、そして人のために尽くす。

この基本ができていれば、「善と悪」の2つの道があるとしたら、人はいつも善に近いほうに歩いていけるものです。不思議です。

私があのやくざの道から戻ってきたように、人間は不思議な力をもっていて、復元力《ふくげんりょく》があります。

ですから一回くらい落ち込んだからといって、けっしてあきらめないこと。一回転覆《てんぷく》したからといって、自信を失わないこと。人間としての誇りを失わないことです。

またそこから善のほうに向かって歩いていけばいいんです。

いつも正義ばかり、なんて人間はいません。かならずどこかで弱い心をもち、どこかに悪の心をもっているのが人間です。だからこそ、努力して向上していく意味と価値があるのです。

転んでも何かをつかみとる

つまずいて倒れたら、そこから起き上がるときに、何かをつかんで立ち上がるんです。小さな石ころでもつかんで立ち上がる。また転んだら、また何かをつかみとって、起き上がればいい。

起き上がったら、手のひらにあるつかみとったものを見るんです。だれでもつかみとっているものがあるはずです。それが自分への反省であり、前へ進んでいく力となっているのです。

そうやって、一歩一歩前へ進んで、一生懸命に生きてきた人というのは、オーラがあります。

オーラとは、ほんとうにその人からにじみ出てくるものです。いくら言葉でうまいことを言っていても、言葉だけではオーラは出てきません。

オーラとは目に見えないエネルギー、そこから発散されているものです。そういうものがある人と、いかに一人でも多く、この人生の中でめぐり会うことができるか、それも大切なことです。

くだらない人のところには、くだらない人しか集まらない。類《るい》は友を呼ぶのです。

人はそれぞれに運命はありますが、運命は自分の努力と人とのつながりによって開かれるんです。

人に手を差しのべて、自分でも努力している人は、苦しいときにはかならずオーラが出ている人がやってきて、手を差しのべてくれる。

これは不思議なことですが、ほんとうのことなんです。

病気のおかげで
たくさんの人と出会えた

私はガンで余命宣告をされたことがきっかけで、講演をすることになり、多くの人と出会い、つながってきました。病気をしなかったら出会うことのない生徒たち、学校の先生、教育関係の方々、新聞や雑誌、テレビの人たちと出会ってきました。

そうすると、人生というのは息を引きとるまで何があるかわからない、そういうもんだなとつくづく思います。

マイナスのように見えることも、じつはプラスだったりする。

人生は不思議です。

私はたぶん近いうちに痛みが出てきて、モルヒネを打つためにホスピスに入ることになるでしょう。そうなったら、もうこの家には戻ってこられないでしょうね。

でも、ホスピスでまた新しいお医者さんや看護師さんとの出会いもあるでしょう。

人生なんて、どこでだれと出会うか、最後までわからないし、どこでどう変わるか、息を引きとるまでわからない。

いやなことがあると、そのときは人生おしまいだと思うかもしれません。けれども、おしまいかどうかなんて最後までわからないものなのです。

努力は絶対にむだにならない

よく「正直者はバカをみる」と言われます。最近は株《かぶ》だの、ＩＴ関係の起業でたちまちのうちに、お金をもうける人もいます。

ですから、努力をしないでうまくもうかる方法があるのではないか、そう考える人が多くなっているような気がします。

でも私はこう思います。どんな時代でも、やはり人間として、まっすぐにだれにも媚《こ》びへつらわず、だれをだますこともなく、汗を流すことを惜しまずに働くこと。それはかならず報われると信じています。

努力はむだにはなりません。努力はかならず報われます。

「正直者はバカをみる」というのは、それはどこかにロスがある場合です。工夫もせずにやっているから効率が悪いということでしょう。毎日、何が大事なのかを真剣に考えていればむだはないはずです。それは全部実になります。

考えること、人の話を聞くこと

努力も大事ですが、人間には知恵も必要です。

ただむやみにつっぱしればいいというものではありません。情熱だけがあればよいというものでもありません。

つねに考えて、ひとつの目標に向かっていく。それに付随《ふずい》するものすべてに目を向けつつ、目標に向かえば、どんな困難があっても、かならず、目標に近いところへたどりつけると思います。

小手先ですすめたものは、やはりそれだけの厚みしかない。よく考えて、全体としてとらえてすすめるのです。すると、そこに徳も加わり、人を動かすこともできます。

文化祭や体育祭などをみんなでやるときもそうです。

よく考えてすすめていけば、人は動いてくれます。

それから、他人から評価してもらったら、「その指摘《してき》はだいたい正しい」「あたっている」と思っていいでしょう。

でも、他人の意見にすべて従うことはありません。客観的《きゃっかんてき》な意見を聞いて、そこから大事なものを、拾っていけばいいんです。

人をだまして金もうけした人をうらやむことはない

世の中には、人をだましてお金もうけをして金持ちになっている人がいます。多くの人に世話になりながら、恩返しもしないで、自分勝手にふるまって、それでお金もうけをして、それで「得をした」と考えている人もいます。

でも、人をだまして、後ろを向いて舌を出すようなことをして金もうけして、それが何になりますか？

そんなことをして、少しくらいうまいものを食べて、高級外車を乗り回して、それが何なのでしょう？

そんなことよりも大事なことは、心の豊かさです。

大好きな人といっしょに食べるごはんは、どんなごちそうよりおいしいものです。大好きな人といっしょなら、どんなにオンボロ車でも、乗り心地は満点です。

ですから、人をだまして金もうけをした人、うまくたちまわっているような人をうらやむことはありません。

非難することもいらない。

なぜなら、かならずその人にはそれだけのものが返ってくるのだから。そんな人がよい思いをするわけがないじゃないですか。

善をつみ重ねれば、かならず結果が出てくる。たゆまぬ努力をして人のために尽くしていれば、かならずそれは自分の身に返ってくる。

人に悪いことをし、人に迷惑をかけて生きていけば、最後に自分が死んだとき、それだけのことしかしてもらえません。天につばすれば、自分に返ってくるということです。

たとえ、競馬や宝くじでもうけたとしても、そんなものは自分の身につくはずがない。つまらないものにつかってしまいます。あぶく銭《ぜに》なんて入っても、ろくなことはありません。

ほんとうに自分が汗をかいて得たお金とはちがうのです。

善をつみ重ねれば、よいことが起こる。悪をつみ重ねれば、幸せにはなれない。よくわからないけれど、世の中、そして宇宙はバランスよくできていると思います。

見かけや肩書きにだまされない

世の中には人にほどこしをすることもなく、大きい家に住んで、世界的に有名な絵画を高額で購入して飾っている人もいます。

でもそんなことをしても、その絵を見ているのは、その家に出入りしている人くらいでしょう。だったら美術館に寄付《きふ》して、みんなに見てもらったほうがいい。

人に見せないで、ひとりじめするなんて、なんてレベルの低い人なんでしょう。

シャネルやグッチだとかのブランド品で飾《かざ》り立てている人もいます。自分が働いた稼《かせ》ぎで、一〇万円、二〇万円のバッグを買うくらいならいいけれど、上から下までブランド品でかためて、合計金額が何億円にもなっている人がいます。それって何の価値があるのでしょうか？

そんな人がテレビに出てくることがありますが、だから何？　と思います。ブランド品で飾り立てると、その人の価値が変わるのですか？

人間なんて、外側をいくら飾り立てても、魂がみがかれていない人はカスなんです。

ですから社長がえらい、国会議員がえらい、大学教授がえらい、なんて思っていたら大間違いだと思います。立場で人の価値は、はかれないからです。

ほんとうの幸福への道

ヘレン・ケラーだって、マザー・テレサだって、ガンジーだって、偉人と言われる人たちは、金持ちになんてなろうとは思わず、人のために尽くしています。私利私欲《しりしよく》に走らない。

お金を何億円も集めたからといって、偉人にはなれません。それはただの「金持ち」って言うんです。

人が人として尊いのは、やはり人のために役に立つことです。

お金持ちになっても、社会のために役に立つことをする。たとえば、ロックフェラーのように、莫大《ばくだい》なお金をもっていてもつかい道を知っている人は偉大です。

ところがバカな金持ちは、豪邸《ごうてい》をつくって、だれも入れないようなセキュリティをつけて、有名な絵画を飾り、自分の家族だけで贅沢《ぜいたく》している。

でもお金も家も名誉も、そんなものは死んだらどこにももっていけません。

死んでしまえばみんな同じ。

子どもに何十億もの遺産をのこしたとしても、子どもが幸せになれるかと言えばそうとはかぎりません。

幸せって、感じるものですから。

幸せって、花を見てきれいだなと感じる心とか、家族が幸せとか、健康で自分の好きなところにいけるとか、そんなことが幸せなんです。

お金は自分が自由に生きていくために、そしてごはんを食べたり、寝るところを確保するために必要です。でもそれ以上の莫大《ばくだい》な財産をもっていたとしても、どうってことはありません。

金持ちでも幸せを感じる心がない人はいっぱいいて、幸せではない人がたくさんいます。

魂をみがくことが人生の目的

自分の魂をみがき上げて、人間性を高め、すばらしい人格を身につけること。人間として人間らしく生あるかぎり生きるということ。それが人生の大きな目的です。

その目的を達成するためには、やらなければならないことがあります。

それは、「すべてのものに感謝して生きる」ということです。

それは、「世のため、人のために尽くす」ということです。

それは、「自分のエゴを押さえ、いつも自分を省みて、反省する」ことです。

それは、「どんなに辛いことにも耐え抜く」ことです。

それは、「汗をかくことを惜しまず、つねに前を向いて精進する」ことです。

私は子どものころに、「あんな大人にはなりたくない」という大人を見ることがありました。ですから、自分が大人になったときに、いつも「自分はあんな大人になっていないか」「あんなふうに子どもたちから見られていないか」と、自分を振りかえっています。

子どもたちは日々、目に見えて成長していきます。しかし大人になると、いつからか成長するための努力をしていない人が増えるように思います。人は、歳を重ねるごと、昨日より今日、今日より明日、去年より今年、今年より来年、死ぬまで自分を成長させていかねばならないと思います。

人は、「お天道《てんとう》さま」（太陽のことです）にはじないような生き方をすることが人間としていちばん尊い。ですから金持ちにならなくてもいいんです。

お金はないよりある程度はあったほうがいい。だけど、お金では買えないものはたくさんあります。人の心はお金では買えません。幸せだって、お金では買えません。

「お金では買えないものがある」と目覚めた人ほど、その人は幸せに向かって生きていけるんです。

お金は生活のための手段として、必要なだけです。お金なんて、人間がつくったものです。そのお金に振りまわされてどうするんです？

お金は流通を便利にするためにつくったもの。そのつくったものに魂を奪《うば》われて、どうするんですか？　それこそ情けないじゃないですか。

試験に関係のないことはムダな話だと思ってないか？

「いまの子どもたちはひねくれたところがあって、昔とちがって大人の言うことをすんなりと聞く耳をもたない」とよく言われます。

私もさまざまなところで、子どもに接してきて「そうかもしれないなぁ」と思ったりしてきました。

でも余命宣告を受けて講演をはじめてみると、小学生も中学生も高校生もみんな真剣に話を聞いてくれます。共感してくれて、まじめに感想文も書いてくれます。

私は小学校五、六年生から感想文をもらうと、あの黄色い帽子《ぼうし》をかぶって石をけりながら登下校している子どもたちが、どれほど人間の真実を見抜く力をもっているかを感じます。しっかりしなくてはいけない、とつくづく思います。

同時に、ほんとうの教育とは何かということ、教育の大切さも見えてきたように思います。

「いまの子どもは……」という思い込みは、間違っているかもしれません。ただ、これだけ情報が多いと、「心からの思いを伝える」というのは、なかなかむずかしいことは事実でしょう。

またこれは大人がいけないのですが、試験につながる情報なら聞くけれど、それ以外のことは、真剣に聞こうとしないような気もします。

私は講演会でも、この本でも、自分が経験したなかで、つらいこと、悲しいこと、うれしかったことをありのままに伝えています。自殺しようと思ったという心の弱さも見せています。強いと言われていたこの私でも、こんなところで挫折《ざせつ》したり、こういうところで涙した、という話をしています。

そうやって包《つつ》み隠《かく》さず話すことで、みなさんが、人生の喜びや悲しみ、人生の大切なことを、感じとってくれたら、とてもうれしいです。

自由は自立した人のもの

茶髪《ちゃぱつ》にするのは自由です。

自分の力で働いて得た尊い金を、それにつかうんだったらだれも文句は言いません。

しかし、一回だって自分で汗をかいて働いたこともない中学生が、夏休みになったら茶髪にしたい？　ピアスをしたい？　ふざけるんじゃない、私はそう思います。

携帯電話に何万円も払っている？　信じられません。

自分で働いて自立して生活していて、そのなかで何万円もつかうんだったら、それは自由です。でも自立もしていなかったら、とんでもない。

二〇歳になって選挙権を得て、社会人として認められ、自分のお金で生活をしているなら、自分が働いたお金をどうつかおうと、それは自由です。

自由がほしければ、自由になれるように努力するんです。何もしないで、自由になんてなれません。がんじがらめの不自由さのなかにこそ、ほんとうの自由があるのですから。

あなた一人の命ではない

講演会のあとの感想文で、「人はつながっていきているんだ」「人は一人じゃないんだ。自分一人の命じゃないんだ」と書いてくれる生徒さんたちがたくさんいます。

「死にたくなったり、投げ出したくなることはいっぱいあります。つらいこともあります。だけど、渡部さんの話を聞いたら、自分の命というのは、自分だけのものではないということを強く感じた」とか、「家族のやさしさとか思いやりをもらって生きていることに、はじめて気がつきました。家族や友だちが死んだら、私もきっと悲しむでしょう。私が死んだら、家族や友人は悲しむでしょう。それがわかってよかった」などとも書いてくれます。

人と人はつながって生きていて、一人で生きていくのではなく、みんなから恩恵を受けて生かされているんだ、ということを感じてくれる人が多いことが、私はうれしいです。

また、「自分が相手をたたいたらすっきりする」という自分勝手な考え方だったけれど、「たたかれた相手は痛い」というように、「相手の立場になって考えてみた」という人もいました。

そうです。そう考えれば、人をいじめるなんて絶対できないはずです。

それから、「余命一年半と宣告されたら、どんな気持ちか」ということを想像するだけでも、いろんなものが見えてくると思います。

毎日のつみ重ねが人生をかたちづくる

人生は急によくなりもしないし、悪くもなりません。「棚《たな》からぼたもち」が落ちてくるようなことはまずありません。

確実なことは、毎日の暮らしのなかで徳をつみ重ねること、かならずそのことは返ってくるということです。それは間違いありません。

やっぱり、すべて毎日の暮らしのなかにその原因がつくられていくんです。

毎日のつみ重ねがかならず実を結んで、その人の人格をつくっていくのです。

いま私がこうやって本を出版できるのは、みなさんが講演を聞いてくれて反響があり、二万通を超える感想文をいただいたからです。急にボコっとわいたものなんてありません。

すべていろんなことが複合的《ふくごうてき》に組み合わされて、形になってあらわれていくのです。若い人は簡単に「ラッキー！」ってつかいますけれど、ラッキーなんてことは、ほとんど皆無《かいむ》だと思います。

大事なことは、ひとつひとつ全部を真《ま》っ正直《しょうじき》に生きていけば、すべて実になるということです。

軽はずみに生きて、何も意識しないでもやっていくと、それだけのことしか残りません。

人のために尽くし、人のために一生懸命やってきた人は、最後にその人のところにそれが返ってくる。それがまったく報われないなんていうことはありえません。

私はガンになって余命宣告を受けたことによって、感謝することができた。これはどんなに幸せなことだったか。だから、病気に感謝しています。

そんなふうに言うと、「何も病気にならなくてもいいんじゃないか」という人がいるかもしれません。

それは当然なのですが、病気にならないで、そういうことに気づき、そのことがわかるということは、人間にはなかなかむずかしいようなのです。残念ながら。

余命ゼロだって幸せです

「渡部さんは小学校時代からずっと働いて、私たちから見ると信じられないくらい苦労して高校を卒業して、それからもずっと働きつづけて、なのに結局は老後も楽しまないでガンになっちゃうなんて、かわいそう」

と思う人もいるかもしれません。

私も長生きしたい。

でも、こんな充実した日々を送ることができて、まわりの人に生かされている
ことに気づき、しかも人の役に立つことができるんですから、私は幸せだと思い
ます。

小学生のときの新聞配達だってたいへんだったけれど、母に感謝されて、幼い
弟も慕《した》ってくれましたから、人の役に立っているという充実感はありました。

こうやって、死のギリギリの淵《ふち》に立っていると、お金があるとか、ラクしてる
ことが重要じゃなくて、人の役に立っているという充実感や、「役に立って感謝
されてよかったな」と幸せを感じること、これがいちばん大切なことが身に染《し》み
てわかるのです。

受け継がれた思い

このあいだ、長男にうれしいことを言われました。私が、

「自分はいま、病気になったおかげで、学校をまわって子どもたちに話をさせてもらっている。自分にとって最後の仕事で、こんなことができるなんてありがたいと思っている。病気のおかげで人生が変わった」

と言ったら、長男が「そうじゃない」と言うのです。

「お父さん、それはそうじゃない。お父さんは病気のせいでたまたまそうなったと言うけれど、それはちがう。

ガンの患者はたくさんいる。余命宣告を受けている人だってたくさんいる。だけどその人たちがお父さんと同じように学校をまわって講演しているわけではないでしょう?

これはお父さんしかできない、お父さんの生き方なんだよ。人生の最後にそういうことをやろうと思うのは、お父さん自身のいままでの生きざまじゃないか。

きっかけは病気であっても、いまやっていることは、『渡部成俊《わたべしげとし》』そのもので、『渡部成俊』じゃなきゃできないことなんだ。他の人じゃできない。それがお父さんの生きざまなんだろうと思う」

と言ってくれました。

私はそれを聞いて、「子どもは自分が真剣に生きてきた背中を見ていてくれたんだ。自分の人生をしっかり受け止めてくれたんだ。人生の大事なものを、この子は確実にとらえてくれたんだ」と思いました。

そして「自分はこの子の父親でよかったし、こういうことを感じてくれた子どもをもって幸せだった」と、ほんとうに誇らしく思えたのです。

反省はしても後悔はしない

私は生来《せいらい》わがままな人間でした。

わがままでなければ、ここまでこられませんでした。ひとつの目的に向かうと決めたら、馬車馬のようになって、人の三倍も五倍も働いてきました。他人の意見なんて全然聞かないで、つっぱしってきました。

だれにも媚《こ》びないで、だれからの援助も受けないで、ここまで工場を大きくしてきました。自分で自分の求めた道をまっしぐらに進んできたので敵もつくりました。

私はひとつの借金の返済が終わると、今度はまた借金して新しい機械を入れたり、工場を広くしたりしてきました。

妻は「そんなに夢ばかり追いかけなくても、いまここにある幸せで十分じゃない。借金までして仕事を広げなくても、食べていけて、なごやかに子どもたちと向き合って、生活を楽しめばいいでしょう。そんな満足を得られるような安定の中で生きたい」と言っていました。

妻は私にあきれて、何度泣いたことか……。

こんなにわがままで、こんなに個性の強い人間だって、妻をはじめ、まわりの人たちに見守られ、生かされてきたんです。

ありがたいことです。

いまは相手のことを思いやらないなんて考えられません。

人生の最後になって、父や母、妻、近所の人、いろんな人に生かされてきたことに気がついてほんとうによかった。

でも、過去の自分を反省はしても後悔はしません。

もっとやさしい生き方をすればよかったとも思わない。

がむしゃらに働いてきたからこそ、いまの自分があるのですから。

それに、他人を傷つけたり、卑怯《ひきょう》なことはしてこなかったと思っていますから。


ただひとつ、妻にだけには悪かったと思います。

妻を長年、馬車馬のように働かせてしまった。

それから仕事がうまくいかなくてイライラしたり、従業員に腹を立てても、頭ごなしにどなるわけにもいかない。そんなときはすべて妻に怒りをぶつけてきました。

妻には悪かったと思う。心からそう思います。

いまはもう、どなったりしません。

妻には感謝したい。長い間、ほんとうにありがとう。

そんな軽い命なら私にください

一年半の余命宣告を受けたあと、少しでも長く生きることができるように、延命《えんめい》治療である抗ガン剤治療を受けました。

しかし白血球《はっけっきゅう》の急減があり、二回だけで中断しました。

抗ガン剤を入れるたびに、体から魂が吸いとられていくような気がしました。

ですから、それからはもう、一切治療はしていません。

定期検査では二センチのガンが三センチになっていますが、まだ神経にぶつかっていないので、痛みはありません。

ガンの痛みは激しいので、痛みが出たときはホスピスで痛みをやわらげてもらって、心安らかに最期《さいご》をむかえたいと思っています。

近いうちに命は尽きるのでしょうが、それでも少しでも前を向いて生きていこうと思っています。


でも、ときどき頭にきます。

「痛みがぽちぽちきていて、立っているのもつらくて横になっているとか、薬もたくさん飲んでいる」という状態だったら、「もうすぐ死ぬ」と言われても自分でも納得がいくし、準備もできるでしょう。

でもほかの人とほとんど変わりなく元気に生活しているのに、それでも「もう余命ゼロ」なんて。


こんなふうに文句も言っていますが、それでも私はもう最後まで負けないと思います。

病気が急変すれば、今日の日没まで自分の命があるかわかりません。

生と死の絶壁に立ち、死の谷をのぞきながら、毎日生活しています。

毎日、毎日、「もう死がそこまでやってきている」と思いながら生活することは、身が削《けず》られていくような思いです。

でも、負けないと思う。

私が苦しい、つらいと暗い気持ちになって、ガンになったうらみを周囲にまき散らして、家族や友だちまでにもつらい思いをさせたくない。

私が笑顔でいれば、みんなもうれしいはずです。

最後にそれくらいはしたいと思います。


若いみなさん。

失敗なんておそれないでください。そのときは失敗と思えたことも、それは成功への足がかりになるのです。

人は多くの人にかかわりながら、生かされています。

お父さんに感謝してください。

お母さんに感謝してください。

自分を育ててくれた人、いっしょにいる友だち、先生、近所のおじさん、おばさん、まわりにいるすべての人に感謝してください。

そして、自分の悲しさやつらさを乗り越え、いつも人を思いやる気持ちを忘れないでください。


人はさびしさも悲しみも背負って生きています。

悲しんでいる人がいたら、手を貸してあげてください。

転んで起き上がれない人がいたら、手を差しのべてあげてください。

人をいじめたりしないでください。


君たちもいつかその気持ちをもらうのです。

命があることは、ありがたいことです。人は命尽きるその日まで、人生はどうなるかわからないのです。だから途中であきらめないことです。

私もこれから最後の最後まで力強く生きていきます。

もしこの先、君たちが「どうしても一歩も前にふみ出せない」、そういう悩みを抱えたら……。「もう、生きてはいけない」、自分で命を絶《た》ちたい、そんな気持ちになったら……。

私の言葉を思い出してください。


「そんな軽い命なら私にください」

あとがき

この本の出版は、私の人生の中で想像もつかないことでした。私ごときが偉そうに語るつもりはありませんが、ガンという病をえて、期限つきの自分を見つめたとき、いままで見えなかった、また見逃してきた「人生の中の大切なこと」「やり残したこと」を形としようとしたのが、私の講演のきっかけでした。

その講演がテレビを通して大和書房の南暁社長の目にとまり、「講演を直接聞けない、より多くの人たちにも伝えたい」という強い要請がありました。それは、一人でも多くの若い方々に私の魂のメッセージを伝えたいという思いと重なり、この本となったのです。

思えば私の人生はけっして平坦なものではありませんでした。しかし、私の回りにはいつも見守ってくれていた友や、いつも気にかけてくれた多くの人がいました。その人たちからの支えがあってここまで生かされてきました。

「人が生きている」ということについて、ぎりぎりになるまで意識してきた訳ではありません。しかし、私もどんな人も一人では生きていけないこと、感謝すること、人に尽くすこと、自分がいやだと思うことを人にもしないことなど、すこし前の日本では当たり前のように親が子どもに教えてきたことを、このような時代だからこそ、人としての大切な原点として、もう一度振り返る必要があると思いました。そして期限切れのこの身が生かされている間は、このことを伝えることを使命と思い、いま日々を送っています。

この先どこまでいけるか常に不安を抱えながらの毎日ですが「やるならいましかない」そう自分に言い聞かせて、これからも生きていきます。この本を読んでくださった方もどうか強く生きていってください。そんな私の思いが伝われば、望外の喜びです。

最後になりましたが、私の講演を支援してくださった江戸川区役所職員のみなさま、私が東京に出てきてからいままで、公私にわたって導き、力をいただいた、仕事の先輩である株式会社三徳の社長小野和美、島子ご夫妻、ならびにこの本の出版にご尽力いただいた大和書房のみなさまに心より御礼申し上げます。

平成一九年七月

渡部成俊

渡部成俊（わたべ しげとし）
1945年生まれ。１歳から横浜で育つ。10歳で父を亡くし、小学生時代からアルバイトで家計を支える。中学卒業後、さまざまな職に就きながら定時制の商業高校を卒業。26歳で婦人服プレス業を開業。会社経営の傍ら、地域の少年野球代表や子供会会長などを務めたほか、教育支援事業に携わる。2001年すい臓ガンを発病。翌年大手術を乗り越え、仕事に復帰、江戸川区の教育事業「すくすくスクール」クラブマネージャーも務める。05年転移性肺ガンを再発、余命「１年半」の宣告を受ける。闘病の中で知った命の大切さを訴えるために、地域の子どもたちに講演することを決意、地元の江戸川区を中心にのべ60カ所、２万人以上の人々に、「余命ゼロ」の時間を使いながら講演活動を行う。2008年１月13日惜しまれながら死去。享年63歳。

そんな軽《かる》い命《いのち》なら私《わたし》にください
余命《よめい》ゼロ　いのちのメッセージ

2007年８月５日　第１刷発行
2023年３月15日　第９刷発行

著　者　渡部成俊《わたべしげとし》
発行者　佐藤　靖
発行所　大和《だいわ》書房
東京都文京区関口1-33-4
電話　03(3203)4511
振替　00160-9-64227

編集協力　桜井千穂
ブック デザイン　松村大輔（のどか制作室）
CD制作　池上信次（グッド クエスチョン）

印　刷　厚徳社
カバー印刷　歩プロセス
製　本　ナショナル製本

ISBN978-4-479-39160-9

http://www.daiwashobo.co.jp